資本主義の限界と社会主義

社会主義理論学会 編

はじめに

西川 伸一

　社会主義理論学会が編集する論文集も本書で4冊目となる。3冊目が出されたのが2007年であるから、本書は本学会が5年ぶりに世に問う論文集である。この5年間に世界経済はリーマン・ショックに見舞われ、中国は世界第2位の経済大国にのし上がった。一方、日本経済は「失われた20年」とよばれる低迷期から脱出できず、それどころか「3・11」でとどめを刺された感さえ漂う。

　こうした時代状況を前に、本書は「資本主義の限界と社会主義」と名付けられた。政治家は選挙となれば「今回の選挙はきわめて大事な選挙です」と必ず言う。マルクス主義者ならいかなる時代であっても「資本主義の限界」をきっと唱えるであろう。その意味でこのタイトルはやや陳腐なようにもみえる。とはいえ、本書に収められた諸論文をながめるとき、ほかにふさわしいタイトルが浮かんでこない。

　もちろん、お題目のように「資本主義打倒！」と幾度叫んだところで、何も変わらない。重要なのは、時代状況に適合した新しい代案を願望や思い込みではなく、事実に依拠して具体的に提起することである。いったい本書の何が「新しい」のか。以下、各論文の要点を紹介することで、本書の道案内に代えたい。（松尾論文の分量は他の八論文のほぼ倍になっているので、要約も他より長くなっている。）

　第1部は「資本主義の行き詰まり」をテーマとしている。

　まず、鎌倉孝夫論文は東日本大震災および福島第一原発事故から説き起こされる。すなわち、前者は自然法則の発現であるのに対して、

後者は自然法則の人為的破壊によるものである。そもそも自然法則に人間は抗いようがない。これに対して、人間の社会・経済法則は意思によって変更可能である。ところが、唯物史観は人間社会の発展を自然必然的法則ととらえた。この把握は「理論的には無理であった」と筆者は指摘する。その上で、宇野弘蔵やレーニンの『帝国主義論』の議論が検討される。それを経て現代の世界経済の分析に移り、「この体制の下では、労働者民衆は人間として生きられない」と言う。しかし、彼らは「自己責任」や「新しい公共」を吹き込まれることによって、その批判意識を麻痺させられている。変革主体の形成と変革実践が急務であるとして本稿は結ばれる。

森本高央論文は、証券化資本主義がキーワードになっている。その起源をつきとめるために、アメリカ型資本主義の原点から検討をはじめ、今日のアメリカ・ドル覇権の確立に至る歴史的経緯を概観する。ただし、単なる過去の記述にとどまらず、昨今のTPP（環太平洋経済連携協定）議論を念頭に、「軍事覇権を背景にした自由貿易の押しつけは、属国にとって自国産業への収奪や荒廃を招く、不都合な貿易体制である」との言及もなされている。資本主義の証券化は、1990年代のアメリカにおける金融工学の隆盛に起因している。その結果、大銀行でさえ投機的な金融取引に手を染めることになり、サブプライムローン問題を引き起こした。金融工学が生み出す債務担保証券は幾何級数的な作業が繰り返されるため、そのリスクは商品を組成した人びとにしかわからない。世界中には6～8京（兆の1万倍）円にものぼる債務担保証券や金融派生債権がばらまかれている。封建体制からの脱却装置であった資本主義は、いまや投機型資本主義と化し、富と権力を偏在させる擬似的封建体制へと変貌しているのである。

瀬戸岡紘論文は、個人主義の確立、民族国家の登場、そして資本主

義社会の形成を近代初期市民による3段階からなる変革運動として把握する。社会主義は当然この第3ステップへの異議申し立てとして登場したものである。しかしそれは体制としては成就しなかった。というのも、資本主義はその発展の過程で分厚い中流市民層をつくりだし、安定と発展を確保してきたからである。一方、それをわずかしか経験しないまま建設されたソ連は「未熟児としての社会主義国家だった」という。そしていまや、「世界の中流市民が、グローバル化した資本主義機構をとおして、低賃金で、長時間、過酷な条件ではたらく世界中の労働者の搾取者になっている」構造が成立している。この構造にあっても、成長に限界が見えれば、中流市民層は「裏切られた」と感じて運動に立ちあがる。それを筆者は、展望の欠如した運動、歴史反動的運動、および社会変革運動の3類型に整理する。筆者が期待を寄せるのは第3の「新しい型の市民による運動」にほかならない。そこに、近代初期市民が消滅したあと登場した現代中流市民を自己否定する「第3世代の市民」の登場を認めるのである。

　第2部のテーマは「中国の経験を振り返る」である。

　大西広論文はいまとなっては否定的評価が圧倒的な文化大革命について、異なる見方を提起する。筆者によれば、文革は単なる「権力闘争」とみなすのではなく、「階級闘争」でもあった点を見落とすべきではない。すなわち、個人営業を制度的に許可するか否かで2つの勢力が対立した。評価のポイントは「当時の人間発達の状況」であり、そこからすれば企業家精神が未成熟な当時にあって文革は正しかった、毛沢東は合理的な政策判断をしたのだという。加えて、文革は文字どおり文化の革命であったことも忘れてはならない。毛沢東は儒教思想と資本主義文化に連続性を認めて、これらを批判した。もちろん、文革は「非文化的」な「文化革命」であった。やはりここでも「人間発達

の状況」が事態を左右した。「人々の文化的な発達水準がこのような結果を招いた」のであった。こう述べながらも、筆者は文革が新社会形成の重要な要素を提起しえた思想的価値を高く評価している。

　瀬戸宏論文は、自身が現在は理事長を務める日本現代中国学会（現中学会）の生い立ちから現在までを回顧している。現中学会が設立されたのは1951年であった。それ以来1979年ごろまでは、その研究活動に強い傾向性がみられたという。それはたとえば中華人民共和国への強い親近性である。ゆえに中国を肯定的に解釈する牽強付会的傾向を免れなかった。現中学会の刊行物や会費の推移、ライバルともいえるアジア政経学会との関係についても丁寧に記されている。左翼運動団体にありがちな行動様式を現中学会も示していたとの反省も興味深い。中国研究者にとって、文革とどう向き合うかは避けて通れない関門であった。その評価をめぐって多くの中国研究・交流団体は分裂した。しかし、現中学会は分裂しなかった。筆者は当時の指導者が学術研究団体にふさわしく、異論に寛容な姿勢をとったことをその理由に挙げている。現中学会は90年代に至って会員数が急増する。それは学会の多様化、言い換えれば「普通の学会」化を意味していた。とはいえ、中国の文学芸術研究を視野に収めている点で、依然として現中学会は異彩を放っている。

　そして、第3部は「社会主義の新たな可能性」を模索する4論文からなる。

　田上孝一論文はマルクスの疎外論の原像を探求して、「残念なことに」マルクスが依然として古くなっていないことを論証する。マルクスは精神を本質とみるヘーゲルの人間観に学びながらも、フォイエルバッハとの対決を経由してヘーゲルの枠組みを乗り越えた。フォイエルバッハは神が人間をつくったのではなくて、人間が観念として神を

作り出した、ゆえに宗教こそ人間的悲惨の原因であると説いた。しかし、マルクスによれば逆であり、悲惨な現実こそが宗教的幻想をもたらしたという。悲惨な現実とは「疎外された労働」にほかならない。それが宗教的な慰めを人びとに必要とさせているのだ。これを無用にする抜本的な社会変革が求められる。マルクスはヘーゲルを踏襲して、労働は人間の本質的な活動だとみなしていた。資本主義ではそれが疎外され、労働生産物は労働者には属さず、労働しない人間、すなわち資本家が所有する。さらに、疎外された労働の根幹には分業にある。従って分業が止揚される社会が展望されなければならない。それは原始的生活に戻ることではない。専門分化に囚われない人間のあり方が目指される。その対極に、現在のワーキングプア的状況、その極度の単純未熟練労働がある。「疎外の止揚」はきわめて今日的目標なのだ。

　山﨑耕一郎論文は労農派の山川均を中心に、左翼の統一政党結成に向けた努力とその挫折を描いている。男子普通選挙実施（1928年）を控えて「単一無産政党」結成の気運が高まったが、結局、労農党、日本労農党、社会民衆党、日本農民党の四党ができてしまった。山川はこれを憂慮し、全党合同を実現するのが左翼の任務だと主張した。そしてこの思いを終生抱き続けた。戦後すぐに山川は「人民戦線の即時結成を提唱す」を発表する（1946年）。その直後に開かれた野坂参三帰国歓迎国民大会は、さながら人民戦線の旗揚げのような面々が顔をそろえた。しかし社共両党が不熱心だったことが響いて、実を結ばなかった。その後も山川は民主戦線の結集をあきらめず健筆をふるっていく。1948年には「社会主義労働党結成促進協議会」が設立され、翌年これは「社会主義労働党準備会」へ改称される。だが内部対立が強まり1951年3月には解散となる。それでも山川は、同年6月に創刊された『社会主義』の「創刊のことば」を大内兵衛と連名で書き、「労

働階級の戦線の統一と社会主義勢力の結集」を訴えた。最後には、筆者が所属する社会主義協会の分裂にも筆は及ぶ。「大同団結」が無理ならせめて「大同連携」をと筆者はよびかける。

　紅林進論文は、ベーシック・インカム（BI）の意義と限界についてわかりやすく解説している。福祉国家型の社会保障制度が行き詰まったために、近年BIが注目されるようになった。BIが制度化されれば絶対的貧困を解消できるし、資本や経営に対して労働者の立場や発言権を高めることにもなる。一方でBIは分配論にとどまるゆえに、資本主義固有の諸矛盾を解決することにはつながらない。ならば、資本主義にとってBIはどのような意味があるのか。その下で生存・生活を保障する完全なBIが実現すれば、資本主義の労働力商品化の前提を突き崩すことになろう。とはいえ、これにより資本主義が自動的に崩壊するわけではない。その適応力が侮れないことは歴史が証明している。「生産手段の私的所有が続く限り、労働力の商品化＝賃労働は依然続くのである。」加えて、BIが新自由主義と親和的なことにも注意しなければならない。所得が保障される分、資本は賃金を切り下げ、社会保険料など企業負担を切り捨てるのではないか。資本家・経営者の中にはBI導入に積極的な人びともいるゆえんだ。ではBIは社会主義とどうつながるのか。上述の資本主義の論理からして、その下での完全なBIの達成は困難だろう。しかし運動論としてBI的要素の拡大を求めていくことは、生産関係の変革を目指す運動に大きく寄与するに相違ない。

　最後の松尾匡論文は、架空の対話形式をとりながら、リスクと決定を焦点に社会主義経済のこれまでとその代案をユニークに考察する。ソ連型体制が行き詰まった一番の原因は、生産に対する生産手段の比率が異常に高かったことにある。ノルマを超過達成したい企業経営者

は、生産設備や原材料や部品をできるだけ多く抱え込もうとする。従って、これらを生産するために人手などの生産資源が過剰に割かれ、一方で消費財生産のための生産資源が極度に不足することになった。だとしたら、消費財を生産する国営企業には利潤追求を認めれば、消費者のニーズにあった製品開発や技術革新が盛んになるのではないか。ところがそれがうまくいくためには、製品開発や技術革新が失敗したときのリスクを、その決定をした経営者が背負う仕組みでなければならない。リスクは国がかぶってくれるとなれば、甘い見通しで無責任な投資がなされてしまう。それを避ける動機は国営企業には希薄である。結局、生産手段の私的所有にいきつくほかない。

　しかし、リスクにさらされるのは資本側だけではない。彼らが事業決定に失敗すれば、その企業に勤める労働者の雇用が危うくなる。それゆえ、事業決定を資本側だけが行う資本主義にはやはり「根本的な欠陥」がある。ではどうすればよいのか。事業決定の不確実性を減らすことである。あるいは不確実性の低い事業に着目することである。起業初期はともかく、事業が成熟してゆけばIT技術の発達もあって、ニーズの予測がより容易になってゆく。そこでは、決定に伴うリスクは資本側が抱え込むのではなく、労働者や利用者が共有することが可能であり、かつその方が社会にとって合理的になる。不当なリスクにさらされず自己決定で働けることこそ社会主義なのだ、と筆者は説く。こうした生産関係は、政府なり党の指導によって一朝一夕に実現できるものではない。事業ごとに条件は異なる。「一人一人が自分の創意工夫でちょっとずつ試みていくほかないんです。」企業主権が労働者や利用者にある事業が徐々に拡大してゆけば、100年あるいは200年後には階級のない生産関係がメジャーになる時代が来よう。

　　　　　2012年3月11日・東日本大震災発生から1年の日に。

はじめに　西川伸一

第1部　資本主義の行き詰まり

第1章　鎌倉孝夫　「体制」変革の理論と実践　13
第2章　森本高央　証券化資本主義の破綻が招くドル基軸通貨体制の終焉　38
第3章　瀬戸岡紘　近代社会と市民にかんする一般理論序説
　　　　　　　　──新しい社会主義像を構想する手がかりをもとめて──　56

第2部　中国の経験を振り返る

第4章　大西　広　毛沢東、文化革命と文化の次元　77
第5章　瀬戸　宏　戦後日本の中国研究
　　　　　　　　──日本現代中国学会を中心に　93

第3部　社会主義の新たな可能性

第6章　田上孝一　マルクス疎外論の射程
　　　　　　　　──新たな社会主義構想のために──　119
第7章　山﨑耕一郎　労農派社会主義の原点と現在
　　　　　　　　──山川均論を中心に──　145
第8章　紅林　進　ベーシックインカムと資本主義、社会主義　163
第9章　松尾　匡　リスクと決定から社会主義を語る　184

おわりに　田上孝一　222

入会の呼びかけ・会則・論文集既刊・研究会の歩み・執筆者略歴　224

第1部　資本主義の行き詰まり

第1章 「体制」変革の理論と実践

鎌 倉 孝 夫

1 原発大震災に思う

歴史的大事件の原因

2011年3月11日に起きた大地震による大津波、そして東京電力福島第一原子力発電所の大事故による大震災被害は、日本の歴史的大事件として長く記録されるであろう。この大災害・大震災による死者は1万5667人、行方不明者は4862人（2011年8月4日現在の警察庁まとめ）、避難者は8万7063人（同7月28日現在、内閣府調べ）に及んでいる。

福島原子力発電所の事故は、1986年のチェルノブイリ原発事故の規模を大きく上回る規模になろうとしている。大気中だけでなく、海への放射性物質の大量放出が続いている。放射能漏れが収束し、廃炉が完了するまで何年かかるか、その間何が起きるか、そしてどれだけの費用がかかるのか、予想もつかない。何しろプルトニウムの半減期は2万4000年といわれている。それが福島原発だけで210kg（長崎型原爆35発分に相当）、全国で約31t（同約4000発分）貯蔵されている。その安全、確実な処理法はない。

大地震、大津波による被害は自然法則の作用によってもたらされたものといえるが、これだけ被害が大きくなったのは、自然法則への認識の不十分さとともに、それへの対策＝自然法則への適応の不十分さがあったことをとらえなければならない。過去の経験が十分生かされなかった、あるいは生かすだけの経済的、社会的条件（余裕）がなか

った——その意味では人為的対応の不十分さがあったことを指摘しなければならない。

　原子力発電所の大事故に関しては、事故を招いた直接の原因は、大地震・大津波であった。地震学者（石橋克彦氏）(1)によれば、津波被害より地震による施設の破壊が大きい、ということである。ここでも、地震・津波による被害の予想とそれに基づく対策の不十分さが指摘されなければならない。

　しかし原発事故は収束しないし、収束の方法もない。被害の影響は地震・津波によるものだけにとどまらない。後者の被害ならば、復旧・復興できる（その方法、方向に大きな問題があるが）。原発事故による被害は、人間がそこに住めない——さらにどの程度人命を損傷するか計り知れない——被害なのである。いわばパンドラの箱に閉じ込めていた"悪"が、地震・津波によって箱が開いて飛び出したことによる被害なのである。たしかに"悪"を閉じ込める仕方が不十分だったという面がある。だからなぜ、それが不十分でしかなかったのかということを問題にしなければならない。しかし飛び出したら収束しようがない、人間（はじめ、あらゆる生物まで）が生きられない"悪"を人為的に作ったこと自体が問題なのである。原発の炉（圧力容器・格納容器・原子炉建屋）の中に閉じ込めた物質——ウラン235に中性子を当てて核分裂を起こして高エネルギーを発生させるとともに、プルトニウム等多くの放射性物質が生み出され、それ自体が崩壊熱を出し続ける——は、今まで地球自然体の中に存在しなかった放射性物質（死の灰）を大量に生み出す。確かにウラン1kgを燃料に核分裂させると、約5万kw／時の発電量になる。これは石油1kgの1万2500倍である。しかしそれとともに、地球自然存在の大前提である原子核（その中に閉じ込めていたエネルギー）が破壊され、エネルギーが放出される。

それは地球存在自体、自然法則自体を破壊するものなのである。E・フェルミらは、この核分裂を技術的に制御する実験に成功したとした。それは物理的に中性子の速度を抑える水、黒鉛などによる冷却・減速である。しかしこれは核分裂の"悪"自体をなくすわけではないし、その暴発を制御しきれるものでもない。だから事故続きとなる。そこで事故に対処し、あるいは事故のリスクを抑えようとすれば、どれだけの負担が必要になるかわからない。実に核分裂による発電効果をはるかに上回る負担となるであろう。そのことは、日本でなお続けられている核燃料サイクル――高速増殖炉が現実に示している。それはどれだけ費用を注ぎ込んでも実用化のめどさえ立っていないのである。

　大地震・大津波はそれ自体、自然法則の発現である。それによる被害は、自然法則の認識の不十分性と法則への適応の不足に起因する。これに対し原発の大事故は、直接の引き金こそ大地震・大津波であったけれども、それによる被害は自然法則の認識不足、適応の不十分さによるのではなく、自然法則の人為的破壊によるものなのである。自然法則を破壊したら人間（生物）は存在しえない。

　問われるのは、自然法則を破壊する核分裂によるエネルギーをなぜ、何のために実用化しようとしたのか、にある。核と原子力の利用は、周知のように米マンハッタン計画から始まった。この計画は、原子爆弾の開発・利用によるナチス・ドイツ制圧という国家的政策であった。帝国主義国間戦争に勝つという（一方の陣営の）帝国主義国家の武器、したがって大量殺人手段としての原子爆弾こそ、核・原子力利用の本来的目的であった。人間のための利用ではなく、人間存在の否定にその目的があった。

　原子力発電は、直接には核・原子力の商業的利用、利潤獲得目的による利用ということから開発・実用化された。しかし、その開発・利

用当初から、大事故の可能性とその被害、賠償が検討されていた。アメリカ原子力委員会（AEC）は1957年3月「大型原子力発電所の大事故の理論的可能性とその影響」を公表しているが、それによると[2]（最大出力17万kw／時の原発を対象として）「最悪の場合、3400人の死者、4万3000人の障がい者が生まれる」「15マイル（24km）離れた地点で死者が生じうるし、45マイル（72km）離れた地点でも放射線障害が生じる」「核分裂生成物による土壌の汚染は最大で70億ドル（当時の換算レートで2兆5000億円；当時の日本の一般会計歳出合計1兆2000億円のおよそ2倍）の財産損害を生み出す」としている。

　この報告を俟つまでもなく、原発は破局的事故が起きる可能性があり、いったん事故が起きれば膨大な被害が生じる。その被害に対し、事故を起こした当事者（資本家的企業）に事故責任・損害補償を負わせるとしたら、とても負担しきれるものではない。ということで、事故を起こした企業の賠償責任を一定額に制限（事実上の免責：「プライス・アンダーソン法」1957年9月）し、これを超えた賠償は国の責任とした。ということは、原子力発電はその当初から個別資本家的企業だけでは担うことができず、国家的支援（財政負担）なくしては現実化しえないものであった。

　日本の場合も、これを真似て原子力損害賠償法が制定される（1961年）。これによって企業・電力資本の賠償額を限定した（当初50億円、現在1200億円）。しかも「異常に巨大な天災地変または社会的変動」で事故が起こった時は免責される、とされている。さらにその上に、原発を推進するために電源三法（1974年）に示されるように、政府は巨額の財政資金を注ぎ込んだ。さらに電力資本は利潤獲得目的のために可能な限りコストを切り下げ（リスクの過小評価を含め）、コストがかかっても利潤が得られる料金を設定し、電機、鉄鋼、ゼネコン等の

資本は原発投資拡大による需要を吸収して大儲けを実現したのである。そしていま起きているのは、原子力発電によって生じる使用済み核燃料（死の灰）が大量に積み上がり、その再処理から生じるプルトニウムが原発への再利用をはるかに超えて蓄積されてしまった。プルトニウムは核兵器に利用する以外に使いようがない代物である。核・原子力平和利用の名の下に進められてきた原子力発電は、いま明確にその自然・人間破壊的本質を暴露しつつある。

これを踏まえていえば、この原発大事故は、明らかに核・原子力の利用は核兵器と不可分であること、だから本質的に地球自然と人間（生物）を破壊するものであることが明確であるにもかかわらず、これを推進してきた国家と、資本家的企業の責任であること──だから人為的というとらえ方は、この点を明確にしない限り正しくはない──、を認識しなければならない。

自然法則と社会・経済法則の違い

（1）自然法則は、人間の意思や行動によって自由に操作できるものではない。繰り返し指摘したように、自然法則を操作しようとして、これに反する、さらにこれを破壊する操作を加えれば、人間自体（その本来の性格は自然生物であるから）も破壊される。人間としては自然法則に従うほかない。もちろん無意識的に従うか、意識的に、自然法則の認識を踏まえて従う──主体的に適応する──かによって違いが生じる。後者の場合には、前者の場合に起こる不適応の原因を認識することによって、不適応による失敗を免れうる。しかし、自然法則の認識はなお完成しえていない。人類としてはその認識を広め深めることによって、予想しえなかった自然法則の作用を認識し、これに対応する（いわば"自由"に近づく）ことができる。しかし自然法則は

人間・人類によってなくすことはできないし、なお完全な認識を達成することもできない。ということは、自然法則の作用による人間に対する影響（被害）は、予測を越える、想定外を免れえないのである（自由の未達成）。

（2）人間の社会・経済法則についてはどうか。

　人間社会を構成し、動かすのは、直接には一社会集団を構成する人間間の関係における個々の人間の意思行動である。この社会集団の人間関係が、直接的人間関係によって成立していれば、個々人の意思（欲求、願望）の関係が、意思あるいは意思の発現・発揮の強弱によって、あるいはそれによる有意の多数派の形成によって、一定の社会の動きが生じる。人間社会はこれらの動きを習慣・ルール化し、集団・共同体に属する個々人に対し、一定の秩序形成を図ってきた。しかしこれは、人間関係を直接規制する規範であって、人間関係を外的に規制する疎外態（廣松のいう物象化[3]）ではない。それは意思の発現によって変更しうるものである。

　唯物史観は人間社会の発展を人間生活の物質的根拠である労働・生産過程における生産力の発展に求めた。物質的生産過程における生産力は社会生存、発展の根拠であることは確かである（しかしこの認識は、すぐ述べるように、資本主義の経済法則の理論的解明を通して得られたものである）。唯物史観は、この生産力が生産関係（生産過程における人間関係、階級関係）を規定し、その発展が従来の生産関係との矛盾（後者の不適合）、そしてその変革、新たな生産関係の形成をもたらす、ととらえる。この生産力の発展によって規定された生産関係の変化、発展――唯物史観ではこれを人間社会の発展法則ととらえた。しかも人間社会発展の自然必然的法則とさえとらえたのである。

しかしこのような唯物史観の方法による人間社会の発展法則の把握は、理論的には無理であった。社会発展の動力ととらえられた生産力の現実の担い手（主体）はだれなのか（階級社会では労働者自身ではない）、その生産力発展の目的は何かは、この把握では規定しえない。それなのに、生産力が生産関係を規定するとし、その変化・発展が後者を規定し、変える、という。むしろ現実には、それぞれの社会の生産関係が生産力の発展を規定しているのではないか。資本主義の下での生産力は、資本が生産手段と労働力を買い、これを自らの生産過程で結合させることによって、形成・発現する。だから資本自体によって、その蓄積によって規定されている。なのに、この資本の下での生産力が、資本家的生産関係を超えて発展する、という。しかしこれは、資本家的生産関係を「離れてみれば」(4)という仮定に基づく無理な理解でしかない。あるいは、資本主義的私有の下で形成・発展する「社会的労働」──多くの労働者の共同労働──は、本来資本家的私有とは不適合であるから、それに適合する社会的所有に転換させねばならないという説明がなされる（レーニンは、それを資本主義の根本的矛盾ととらえる）。しかし社会的労働と資本家的私有が不適合であるならば、なぜ資本主義の下で社会的労働が形成されるのか、説明不能である。
　現実の歴史、そして後述するように資本主義の現実をとらえれば、一社会体制（生産関係）の歴史的限界は、その体制の下で（その動因も目的も不明な）生産力が発展し、この体制と不適合となるからではなく、この体制の下では生産力が発展しえず、行き詰まり、それによって労働者民衆が生きていかれなくなることを根拠に生じている。生産力はそれぞれの社会の「体制」によって規制されている。そして『資本論』は、資本主義の下での生産力は、資本の生産力として、資本自体によって規定されていることを明らかにした。唯物史観による

社会発展の法則の理解は、人間社会成立・発展の根拠が、物質的生産自体にあることを一般的に把握する歴史観であって、理論的検証に耐えうるものではないのである。にも拘わらず、生産力の発展に生産関係は対応しなければならないということを法則としてとらえ、この法則に即し、これに従わなければ社会主義の発展はありえないとして、ひたすら巨大な生産設備の導入を生産手段の社会的性格の発展として、社会主義建設の発展を推し進めようとしたのがスターリン[5]であり、日本を含めた多くのマルクス主義者であった。その把握によって、社会主義革命（資本主義「体制」の変革）と建設における主体とその意識的実践の役割を決定的に欠落させてしまったのである。

（3）ところが資本主義経済においては、経済の動き（もちろん生産力の発展を含めて）が、経済法則によって規制されるという特徴をもつ。『資本論』が明らかにしたように、価値法則（現実には利潤率均等化の法則）、そして景気循環法則（恐慌の必然性）である。この法則は、資本主義社会を構成する全当事者の意思、意思に基づく行動を規制する、強制的作用をもつものとなる。それぞれの当事者は、自分の所有する商品を可能な限り高い値段で売ろうとする。個々の資本は、各々自己の利潤率を最大限に高めようと競争する。しかし法則の強制によって価格は一定水準に帰着し、利潤率は均等化する。個々の資本は最大の利潤獲得をめざして労働者の搾取強化を図る。しかし労働時間延長、労働強化は労働力の再生産を困難にし、資本の労働力需要に対して労働力供給を不足させ、賃金引き上げ（利潤減少）を引き起こさざるを得ない。資本による労働力の確保、可能な限り賃金を引き下げた上でのその確保の手段は、労働力を生産手段（機械）に置き換えることによる労働者の失業化（首切り・過剰人口の形成）である（資本の有

機的構成の高度化）が、これは反面、一定期間その価値が回収しえない固定資本を増大させるとともに、それ自体利潤を形成しえない資本部分（不変資本）を増大させ、かえって利潤率を低下させる。したがって未償却の固定資本がある場合、一定の資本構成の下で資本の蓄積を拡大することになるが、それによって労働力需要が増大し、労働力不足―賃金上昇―利潤減少をもたらさざるをえない。これが恐慌の必然性であるが、その原因は、労働力商品化の無理――資本によって労働力は自由に生産しえない――ことにある。

『資本論』は、このような資本主義経済の経済法則――個々の当事者の意思行為を規制し、従わせる客観的動き＝法則という点では自然法則と同じ作用を表わす――がなぜ生じるかを理論的に明らかにした。結論的にいえば、資本主義経済の物神的性格――物・物的関係が、人間・人間関係を支配し、動かしている――にある、ということである。資本主義経済を現実に動かしている（現実の主体になっている）のは、商品・貨幣・資本（現実的にいえば、貨幣を利潤目的で動かす資本）である。この物的関係が、人間社会存立・発展の根拠である労働・生産過程――そこで行われる労働者の「社会的労働」――を包摂・支配することによって、資本主義は社会「体制」として確立する。その根本的条件が、労働力の物化・商品化なのである。人間固有の能力・生産力の主体的担い手である労働者の労働力を物化・商品化させ、商品として買い入れることによって、それ自体物的関係である資本が、社会の現実の主体となる。しかし人間関係、社会存立の根拠自体が、物的関係の動きによって支配・規制されることによって、上述のような経済法則――価値法則・景気循環の法則――が生じることになるのである。

本来物的関係であって、それ自体存立根拠のない商品・貨幣・資本

が現実の主体となり、社会存立・発展の根拠を担う本来の社会の主体である労働者、その労働力の発現（生産力）である労働を支配する。その根本的条件が労働力の商品化——労働者自身の労働力を他人（資本の担い手）に売り、その支配に委ねる——である。しかしそれは本来無理がある——労働力は商品として生産され売買されるものではない——。しかしこの物的関係（直接には資本）の支配は、変えることができる。そこで本来の主体が、現実の主体となることは可能である。ということは、この物的関係の支配によって必然的に形成される経済法則は、これをなくすこと、廃棄することが可能であり、この廃棄によって人間の自由を実現しうる、ということである。

2 「体制」変革の理論

宇野弘蔵の提起

「元来、資本主義社会の『経済的運動法則』なるものは、客観的なる個々の個人にとっては何ともいたしがたい法則としてあらわれるものであるが、しかしそれ自身は個々の個人の目的活動の客観的成果にほかならない。したがってまたこの法則の科学的認識は、一方ではこの目的活動の社会的統一を可能ならしめるとともに、他方では理論的に可能性を与えられる社会主義を実践的には歴史的に必然的なものとするのである。目的活動の社会的統一化は、資本主義的経済法則の基礎をなす労働力の商品化という、近代的な自己疎外を止揚せずにはおかない」（『経済学方法論』東大出版会、151ページ）。

社会主義は、理論的に「可能性」、実践的に「必然性」という宇野の重大な提起を、いま再確認し、具体化しよう。具体化に当たって検討すべき課題がある。実践的必然という側面から検討してみる。

宇野の提起は、資本主義的経済法則はなくしうる（理論を通して可能性を論証しうる）、しかしそれをなくすには実践によらなくては実現しえない、ということであったが、実践的必然というとき、いまが変革実践のときだ、あるいは変革によらなければ社会の（その主体である労働者階級の）生存がありえない現状だという認識（理論的分析）が不可欠である。この認識はさしあたり理論の領域の問題である。しかしこれは現状分析によって明確にすべきことであって、原理論の論理では明らかにならない。宇野が提起する社会主義の「可能性」は、原理論的認識によるものであったと思うし、それは生かさなければならないが、実践的必然との関係でいえば、現状分析によって、たんなる可能性ではなく、現実的可能性といえるかどうかが課題となる。以下その点を具体的に示そう。

　実践的必然という点でさらに重要なのは、「目的活動の社会的統一化」である。資本主義的経済の中では、労働者を含む各々の当事者は「個々の個人」として自己目的（主要には自己の利益）を追求する。しかしこの限りでは「目的活動の社会的統一化」は不可能である。それだけでは経済法則に身を任せることにしかならない。だから宇野のいう「労働力の商品化の止揚」（廃棄）をふまえた、「目的活動の社会的統一化」の具体化は、主体である労働者の主体としての意識（自覚）とともに、社会的統一、つまり経済原則の目的意識的実現が不可欠である。個々の労働者が個人的関心で動くのではなく、社会の集団的利益を個の利益でもあるという自覚をもって動くことが必要である。これは現実にどう実現しうるか。指導的政党の組織化なくしては行われえないのではないか。この点は次項（3）で検討する。

「体制」の発展限界の認識

（１）『資本論』の論理をふまえ、整理しながら、宇野は資本主義経済の原理を認識する経済原論（原理論）は、体系的に完結するということ、体系的完結性とはこの体制の歴史性の論証となること、を指摘した。この体制の現実的主体である資本はそれ以上発展しえない限度をもつことを自ら示すことになる。唯物史観的表現でいえば、生産力を発展させうる資本主義的生産関係自体の発展限界である。

商品論から始まる『資本論』は、資本主義を構成する階級（資本家、土地所有者、賃金労働者）が、商品所有による収入獲得という市民的関係として現象する（「三位一体的定式」）ことの指摘（第３巻第52章）で、完結している（事実上）。その前提として、資本の最高の発展形態を、資本自体の商品化（資本の物神性の最高形態）ととらえた。しかし、貸付資本（資金貸し付けによる利子獲得）と、株式資本（擬制資本）との概念的区別が明確にされず、いずれも「利子生み資本」として規定された。宇野は、貸付資本―利子関係では、資金が商品化されるが、資本自体は商品化されない、資本の商品化は「それ自身に利子を生む資本」という直接には観念的形態として、現実的には収入を資本還元して形成される擬制資本として成立することを論理的に示した。資本自体の物化・商品化、それは所有することだけで利子が生じるものとする資本自体の理念であることを指摘した。[6]

資本自体が自らの理念を現出してしまう――それは資本自体の発展限度を示すものである。と同時に、資本が支配する体制の歴史的発展限度を示すものといってよい。しかもこの理念を、資本が具体的に示すとすると、それは擬制（資本化 Kapitalisieren）によるしかない。利潤を生み出す資本が、利子獲得で満足するということは、現実には一般化しない――その現実的一般化は、利子獲得で満足するしかない資本を形成させる特殊歴史的条件によるものとなる。

と同時に、『資本論』そして宇野「原論」は、労働賃金の資本化による労働力（人間）の擬制資本化は現実には形成されないことを指摘している。労働力は物化され商品化されるけども、物自体にはならない——労働力の所有者である労働者＝人間を売買の対象とすることは不可能なのである。それは労働力所有者自体の否定となる。——しかし資本家の狂気の観念は、人間自体の物化・商品化にまで進む。しかしそれと同時に、資本自体の存立根拠——人間を主体とする労働・生産活動——の解体となる。
　資本主義的経済の原理論の論理的完結性、そしてその根拠である資本の物化・商品化、しかし労働主体の物化・商品化の実現不可能という論理は、資本主義「体制」自体の歴史性を、したがって変革の可能性を、論理的に示すものなのである。

（2）資本の理念を現実具体化した形態としての株式・擬制資本が、資本の支配的な現実的形態となる——それは金融資本として成立する——ことになると、資本主義は最高、したがって最後の時期に入った、ということができる。レーニンは、金融資本が支配的形態となった時期を帝国主義段階ととらえ、この段階は、資本主義の最高にして最後の段階と規定した。
　レーニン『帝国主義論』（1917年）は、帝国主義段階の矛盾を、資本の慢性的過剰化ととらえ、この矛盾のはけ口（現実的解決）は、資本の輸出——それを通した帝国主義による植民地領有・収奪ととらえた。そしてこの動きが動因となって、帝国主義戦争が引き起こされることを明らかにした。恐慌による矛盾の現実的解決ではなく、戦争による暴力的解決しかありえなくなった資本主義——これこそ資本主義の最期を現実に示すもの、ととらえたのである。このレーニンの把握

は生かさなければならない。

　金融資本の支配の下での資本過剰の慢性化に関しては、さらに理論的に検討すべき問題がある。レーニンは、株式発行による社会的資金の集中・動員による大規模生産手段（固定設備）の導入が、生産力過剰をもたらすことを強調した。明確にすべき点は、第一に大規模生産手段の導入は、有機的構成の高度化を容易に実現することによる労働力の不足解消——慢性的過剰人口の形成を可能にしたことである。そして第二に、このことが一方で低賃金労働者の利用による小規模零細経営者の存続を可能にするとともに、大金融資本との経営格差——利潤率の不均等、そして賃金格差を生じさせることである。この利潤率の違いや小規模零細企業における低利潤率の構造化が、利子率なみの収入で満足せざるをえない社会層の形成、したがって株式・擬制資本現実化の社会的条件となる。第三に、金融資本の下での資本過剰は、現実資本から遊離した株式・擬制資本市場の独自の発展をもたらすとともに、株式・擬制資本自体の売買による利得獲得、投機を拡大させる。これは同時に、賃金格差の中で比較的高所得を得る労働者層の形成とその下での株式・擬制資本投機への参入——労働者上層部の体制内化（体制肯定意識）、さらに自国資本の利益・国益追求への同調をもたらすものとなる。

　これらの社会的基盤の上で、帝国主義は資本過剰のはけ口を植民地領有・分割・再分割をめぐる帝国主義戦争に求めた。この体制の最後の段階＝歴史的限度という把握に関って、さらに検討すべき課題を指摘しておこう。

　第一に、帝国主義による植民地分割・再分割の争いは、帝国主義国内の資本蓄積の限界を植民地の人民、資源収奪によって解消しようということである。収奪、それは価値法則にのっとった利潤獲得ではな

く、弱者に対する外的暴力による略奪である。外部の弱者が抵抗力を強め収奪に対抗することになれば、資本の暴力的収奪は国内の弱者に向かう。

　第二に、戦争はもはや経済的競争とはちがって、政治力──労働者大衆の政治的動員・統合力──の発揮である。たしかに政治力は、経済力──労働者大衆の経済的包摂──を根拠にしているけれども、労働者大衆の戦争への動員は、権力的・暴力的統制とともに、イデオロギー的強制・同化（疑似的主体化）が不可欠である。自国資本の利益と国益擁護・追求に労働者大衆を統合・動員しうるかどうかが、戦争の（勝敗の）分かれ目、すなわち勝負そのものとなる。

　しかし第三に、戦争への労働者大衆の動員──それなくして戦争は遂行しえない──は、結局動員され、戦った労働者大衆の大量死をもたらす。社会の本来の主体である労働者大衆の死をもたらすことによってしか体制維持・延命ができなくなった資本主義──これこそが資本主義の最期の姿であり、この体制を終わらせる以外に、労働者大衆は生きられないことを示すものといってよい。

　「さしせまる破局」──それはもはやこの体制が延命されれば労働者大衆は破滅するということ──これに対しレーニンは戦争をやめさせ、労働者大衆の生活を維持するには、自国国家権力の打倒・社会主義政権の樹立以外にないとし、社会主義革命を実行した。この革命とは、生産力の発展も労働者階級の階級的形成も未成熟である中で行われた革命として、マルクス主義に反する革命とされたのであったが、それは唯物史観の定式に反する革命というべきである。そして労働者大衆の破局的危機の克服は、この革命によるしかなかったという意味では革命情勢は成熟していたのである。見直さなければいけないのは、早すぎた革命という把握ではなく、唯物史観の公式である。そして課

題は、生産力の大規模化ではなく、革命と建設主体の形成であった。

（3）1930年代大恐慌・大不況と今日の資本主義世界の状況との対比、違いの明確化は、「体制」変革の情勢認識の上で重要な意味を持っている。確認しうる、確認すべき重要な点を指摘しておこう（ここでは大恐慌・大不況の原因分析は主題ではなく、そこから生じる経済、社会、政治情勢を問題とする）。

第一に、1930年代でも、現在（2010〜11年時点）でも、革命情勢──体制変革の現実的可能性──がある、という点である。直接には大恐慌、大不況による労働者大衆の大失業、貧困、生活破綻である。

しかし第二に、1930年代は大恐慌による大失業、労働者大衆の生活破綻の深刻化に直面して、国家による財政支出拡大策──金本位制停止・管理通貨制導入による国債発行・財政支出拡大策──が採られたのに対し、今日の労働者大衆の生活破綻は、1930年代以来継続されてきた管理通貨体制が、基準通貨・ドル自体の不換紙幣化に及ぶ中で行われている国家財政支出拡大策の下で生じている、ということである。

第三に、この政策の内容、そして効果の違いである。1930年代は福祉支出型（米ニューディール政策が典型）と軍需支出型（ドイツ、日本）の違いがあった。少なくとも福祉支出型財政支出拡大の下で、失業対策効果は十分ではなかったが、労働者民衆の生活は改善された。重要なのは、ニューディール政策においては、改良政策の中に金融独占体に対する価格規制が行われたことである。独占体への規制と改良政策──それは国内労働者民衆の反体制運動への対処策であったが、その背景にはソビエト社会主義のインパクトがあった。金融独占体制への一定の譲歩による労働者民衆の体制統合策であった。反面、金融資本の投資は増えず、雇用拡大は十分生じなかった。

日本・ドイツの軍需拡大型財政支出は直接に軍需産業企業の需要増──生産増をもたらし、雇用を拡大した。しかし軍需産業拡大に不可欠な資源・原材料、そして生活物資の不足から、これを調達するための対外進出・植民地獲得の動機を強め、現に再分割戦に乗り出すことになる。米英仏は、日独の対外進出に対抗し、軍需支出拡大・軍事力強化に乗り出す。その下で雇用は増大するが、植民地分割・再分割をめぐる帝国主義戦争を引き起こした。

　今日の事態の特徴は、民間経済活動の活性化、現実には今日の支配的資本である金融独占体に対する規制を撤廃し、その自由な活動を保障する新自由主義政策が採られていることである。しかし新自由主義政策は、国家による国債発行──財政支出拡大策を転換させるのではなく、むしろその拡大の下で行われている。しかし国家財政支出の拡大は、労働者民衆の雇用増大・生活改善ではなく──この側面では自己責任が強要され、福祉支出はぎりぎりのところまで切り下げられている──、ストレートに金融独占体の経営安定、したがって利潤確保・拡大のために行なわれている。リーマンショックは、今日の資本の支配形態である擬制資本（株式・証券）の膨張とその破綻とによって生じた。しかしそれに対する対策は、危機の主体である金融独占体への財政・金融支援による救済である。労働者民衆への改良政策はほとんど放棄された。ソビエト社会主義の崩壊、資本主義の中での労働者民衆の社会主義志向の解体化によって、改良政策をとるまでもなくなった。

　そればかりではない。1930年代の資本主義各国の体制維持策は、経済ブロック化──植民地分割・再分割をめざす帝国主義戦争をもたらした。今日の国際情勢の下では、帝国主義各国、その主役アメリカでさえもはや植民地を支配し、その民衆・資源を収奪することは困難と

なった。むしろ逆に途上諸国は、市場経済化を進める中国を含めて（むしろ中国を中心として）、国際競争力を強め、資本主義諸国の世界市場争奪戦に参入している。植民地分割・支配のための略奪戦争はグローバルな経済戦争に形を変えた。資本主義各国はその下でも途上国民衆・資源の収奪を試みるけれども、それは困難である上に、世界史上争奪戦対処の上で自国内労働者民衆を収奪しなければならない。この収奪がどれだけ行なわれうるかに、資本主義各国の勝負がかかっている。

第四に、国家財政の危機、国家破綻に関してである[7]。国債発行による財政支出は1930年代大不況下で開始されたが、30年代は景気回復を通した財政収入の増加によって国家債務の軽減が図られた。国家財政が破綻的危機を招いたのは第二次大戦過程であり、とくに日本など"持たざる国"が危機に陥った。戦争に敗れた日独伊では、戦後は国家破綻の状況に陥った──国家権力の基盤喪失による国民統合力の危機である。その下で戦勝国アメリカによる"援助"──占領体制下の経済的、政治・軍事的権力の補強によって体制維持を図るしかなかった。アメリカは、ドルと軍事力（核兵器）をてことしてソビエトに対抗し、世界覇権支配（パクスアメリカーナ）を構築した。原発輸出はパクスアメリカーナ構築の重要なてこであった。

今日の国家的危機は、直接にはギリシャ、アイルランド、ポルトガルなどEUの小国におけるソブリン危機として現れているが、アメリカはじめ主要資本主義国も巨額の財政赤字をかかえ、国家債務（国債発行残高）はGDPの70〜200％に達している。ついにアメリカ国債の格付けが引き下げられるという国債信用不安からドル価値が低下し、株価暴落が生じている（2011年8月）。この財政危機・国家破綻の危機は、金融システム崩壊による経済危機対策によって、さらに上述の

世界的経済戦争の対処――新自由主義政策の推進によって生じたのである。

　要約的にいえば、金融危機自体、実体経済から遊離した株式・証券膨張と投機そして投機の破綻から生じたのであったが、その危機対策は投機の主役である金融独占体を国家財政支出によって救済するというものであり、それは金融投機を急速に復活させ、投機を再燃させながら、経済の本来の基盤である実体経済を全くといってよい程回復させない――財政収入増大の根拠が失われていることに起因する。だからこの危機対策は、雇用の増大、労働者大衆の生活維持をもたらさない――むしろ金融独占体救済を図る中で、リストラ、雇用削減が強行されている。

　その上、途上国参入による世界市場争奪戦は、資本主義諸国においては実体経済縮小＝実需縮小化の競争戦であり、低賃金を武器とする途上諸国との競争上、国内賃金の一層の引き下げ、首切り、需要変動に即時に対応する労働者の資本による操作（日雇い派遣労働）を必要とさせている。

　しかもこの危機対策による財政危機の深刻化の件で、福祉支出削減、公的部門の労働者の首切り、そして増税さえ行なわれている。

　こうして労働者民衆は資本主義諸国においても三重苦――三重の収奪――におかれている。第一に、失業・貧困・労働苦――生活破綻、第二に、投機による生活物資価格の上昇による生活圧迫、第三に、財政危機・財政難の下での福祉支出削減、増税による一層の生活圧迫である。資本主義体制維持策は、国家財政危機をもたらし、さらに労働者民衆に対する収奪を強めるものになっている。この体制の下では、労働者民衆は人間として生きられない――これこそこの体制の終末を現わすものであり、体制変革＝革命情勢の成熟である、といえよう。
(8)

3 「体制」変革の実践

労働者大衆の意識状況

　「体制」変革、革命実践は、社会の本来の主体である労働者民衆の意思行為——新たな体制、社会主義体制実現を目的とした目的意識的実践である。その前提となるのは、労働者民衆の意識状況である。現在の日本の状況を踏まえて捉えておこう。

　第一に、多くの労働者民衆にはこの体制を変革しうる、変革しなければならないという意識はないのではないか。労働組合・党学校や学習会がほとんど行われなくなった1990年代以降、日本の労働者大衆の体制変革意識はほとんど失われてしまった。ソビエト・東欧社会主義の崩壊は社会主義への確信・展望を失わせた。スターリニズム＝マルクス主義ととらえた学者・研究者は、前者の崩壊をマルクス主義そのもの、しかもマルクス理論自体の崩壊ととらえた。この責任は大きい。

　体制に対する批判意識の欠如は同時にアメリカの覇権支配に対する批判意識の欠如にも関連する。自由と民主主義を代表する国・日本もその価値観を共有する——それが常識となっている。

　第二に、体制に対する批判意識の欠如は、この体制を肯定した上でその中で生きるのが当たり前という志向をもたらす。新自由主義の思想の宣伝・大衆化は決定的な影響を及ぼした。自助努力・自己責任で生きるのが当然という風潮の中で、労働者大衆は同じ仲間との競争に巻き込まれ、競争に勝つことを至上の命題とし、競争に負ければそれは自己責任だと思いこまされ、破滅させられる。労働者は自ら所有する唯一の商品（労働力という捉え方ではなく「労働」ととらえて）を自らの責任で売って生活するのは当然という意識である。たしかに資本

主義の現実にあっては労働者も一商品主体である。しかし、自ら所有する労働力をなぜ他人に売り、他人の下でその命令に従ってしか使えないのか、こうした疑問をもつことはなくなってしまった。それどころか資本家的企業に雇ってもらう以外に生活できないという意識に追い込まれた。そして失敗すれば自分に絶望し、自殺にさえ追い込まれる。日本では14年に亘って自殺者は年間三万人を超えている。少しでも人間的志向を持つ者は精神的圧迫を被っている。総人口が２年連続で減少していること自体、体制の終末を告げるものといえよう。

　第三に、権力による弾圧である。侵略戦争に労働者民衆を駆り立てる際には、反戦運動・反戦思想さえも権力的に弾圧し、非国民として社会から排除した。反面、戦争に勝つことが労働者民衆の生活維持になると宣伝し、戦争遂行の主体にさせた（疑似主体化）。現在では、経済戦争戦に勝たなければ雇用も賃金も守れないとして企業の競争力強化に労働者を吸収しながら、それが全く労働者民衆の生活維持、向上をもたらさず、逆に生活破滅に追い込んでいる状況の下で、上述したように商品主体化、そして自己責任の新自由主義思想をマスコミ、御用学者を利用して大宣伝させるとともに、生活破壊から労働者大衆が反体制の意識・行動に向かわないよう、自由・民主主義の思想宣伝（それは唯一正しい思想だとして）、そして朝鮮異常視、脅威宣伝に示されるような排外主義ナショナリズムを執拗なまでにふりまく。しかもその上で体制批判、否定の意識や行動に対しては、学校教育における教師の思想弾圧をはじめ、行動右翼をも動員して暴力的弾圧を強めている。

　この大災害、原発震災においては、アメリカの軍隊、日本の自衛隊を使って災害救済の演出とともに、軍事力・基地の肯定、軍事力による国民統制さえ図りつつある。

政治状況、労働者組織状況

　体制の危機に直面した時、体制を維持しようとする側は、明確にその意識をもって、あらゆる措置・政策を実行する。彼らが政治権力を握っていれば、直接政治権力を利用して体制維持を図る。反体制勢力に対しては、弾圧、あるいは取り込めると思えば懐柔、表面的譲歩をも示しながら、反体制意識形成を抑える。しかし意識としては、戦争中の「欲しがりません、勝つまでは」と同様、資本家的企業の競争力を強めれば、そして景気が回復したら生活は向上するという欺瞞であり、最近では少ないパイを分かち合おうという"新しい公共"という精神論である。思想的には、資本主義に代わる社会はないという虚偽である。そして自由と民主主義を破壊する危険な国が狙っている、これに国民が一致して対処しようという虚構に基づく国民統合である。すでに現実には妥当しなくなったこのような言辞・虚構をでっちあげる以外に体制維持の方策、思想対策はなくなっている。

　だからその虚構性・虚偽性を暴露し、この体制の下では生活維持・向上はもはや不可能になっているのだという認識と体制批判、変革意識を広める条件は成熟している。にも拘わらず労働者大衆の意識は上述したような状況にある。その主要な原因は体制を批判し、変革へと導かなければならない政党がその任務を果たしていない、というより放棄していることにあるといえよう。社会主義志向の党、日本共産党は、選挙で票を得ようとするところから大衆意識におもね、意識を変えようとしない。それどころかいぜん景気回復に期待し、既成の政治権力に要求（体制内で実行可能）することが政治運動だと、体制を前提し、体制内改良——よりましな資本主義——の幻想に陥っている。

　体制批判意識を確立し、体制変革の実践を行おうという行動がない

わけではない。しかしこれらの勢力は互いに主導権・正統性を争う抗争を繰り返し、社会的政治力を持ち得ていない、というより労働者大衆から反発を招く状況となっている。

　日本のいわゆる左翼はなぜ対立や分裂を繰り返すのか。それは、彼らが志向する社会主義が、現実に基づかない観念でしかないことに起因するのではないか、と思う。観念上の争いだから争い易く、しかも主観の問題だから（宗派間の争い同様）限りがない。しかし自らの観念がどれだけ現実の根拠をもっているか、どれだけ科学性を主張しえているのか自己点検、反省がなければ、それは宗教上の争いと変わらない。

　社会主義の根拠は、日常的な「労働」と「生活」自体の中にある。どんなに資本が支配しようと、貨幣の権力をふりまこうと、人間が人間として生きるのは、互いに協力・共同し合う「生活」においてであり、そしてその生存の根本は「労働」における協力・共同である。「生活」と「労働」——それは人間社会の実体的根拠であり、資本主議においても、この根拠がなければ社会は成立しえない。いまこの社会存立・維持の実体的根拠が資本主義の体制的危機、国家破綻の危機の中で危機に陥っている。人間が人間として生きられなくなっている——だから人間が人間として生きるには、社会の実体の担い手である労働者大衆が共同連帯して実体再生に立ち向かわなければならない——この大災害、大震災の中で、被災した人々の生活を支えるのは、働く労働者民衆の共同であり、支え合いであることが鮮明になっている。このことにこそ、社会主義の現実の根拠がある。

　観念"左翼"は、今こそ自らの観念を観念のうちだけで糺すのではなく、現実の根拠を確認し、この実体的根拠に基づいて自らの思想を正さなければならない。現実の生活・労働を根拠にした路線・戦略の

争いは現実を根拠に結着・統一しうる。

変革主体形成と変革実践

　歴史的な大災害、大震災は、資本主義という体制自体の終末的危機、労働者大衆の生存自体の破局的危機を現実に示している。その中で、カネ儲けでは、カネがいくらあっても人間の生活は支えられない──本当に生活に必要なものとその生産・再生産が、そしてそれを担う人々の生きる基盤に基づく共同・連帯が人間の生存基盤そのものであることがつき出されている。

　生活と労働の担い手が、人間社会の真の主体であること、その主体としての意識と実力の発揮が、自らの生活を支えていること、その認識を確立し、社会的に広める──これを保障する社会・政治（法を含めて）を形成すること、それが「目的活動の社会的統一」を実現する道である。

　体制を変革する主体形成と変革実践によってこそ、実体の担い手を現実の主体とする社会、社会主義は現実に実現できる。いままさにその時なのである。

──注
（1）石橋克彦『大動乱の時代―地震学者は警告する』（岩波新書）、同編『原発を終わらせる』（岩波新書　2011年）。
（2）小出裕章『原発のウソ』（扶桑社新書　2011年）。
（3）廣松「物象化」論に関しては、鎌倉孝夫・中村健三『廣松哲学の解剖』（社会評論社　1999年）参照。
（4）「矛盾は、一般的にいえば次のようになる。すなわち、資本家的生産様式は、交換価値やその中に含まれている剰余価値（利潤）を離れてみれば、資本

主義的生産が行われる社会的関係から離れてみれば、生産力の絶対的発展へ向かう志向を持っているが、他方ではこの生産様式は既存資本の現存の交換価値の維持と最大限の価値増殖に努めるのである」(『資本論』第3巻第15章第2節　MEGA Ⅱ／4・2　S.323)。

　　　なおこの点に関しては、鎌倉孝夫「過剰生産恐慌論について」(『進歩と改革』2011年3月号) 参照。

(5) スターリン『ソ同盟における社会主義の経済的諸問題』(1952年)。「ソヴェト権力は、生産諸関係が生産諸力の性格に必ず照応するという経済法則に立脚して、生産手段を社会化し、それらを全人民の所有にし、それによって搾取制度を絶滅し、社会主義的な諸形態を創造した」(国民文庫版　12～13ページ)。

(6) 鎌倉孝夫「理念としての『それ自身に利子を生むものとしての資本』」桜井・山口・柴垣・伊藤編『宇野理論の現在と論点』(社会評論社、2010年) 所収。

(7) 鎌倉孝夫『資本主義の国家破綻』長周新聞社、2011年。

(8) 鎌倉孝夫『資本主義の国家破綻』長周新聞社、2011年、97～99ページ。

第2章　証券化資本主義の破綻が招く
　　　ドル基軸通貨体制の終焉

森 本 高 央

はじめに

　1990年代、日本経済は低迷する一方、アメリカは好景気を維持した。日米共に格差拡大の危機が叫ばれ、2008年リーマン・ブラザーズ証券の経営破綻をきっかけに、膨大な金融商品が事実上不良債権化し、資本主義自体の崩壊が公言されるようになった。かような事態になぜ至ったのか、歴史を紐解き、破綻するべくして破綻した証券化資本主義の起源と仕組み、今後発生しうる経済への影響を考察してみたい。

1　資本主義の行き詰まり

　平時において技術革新を促す仕組みとして、資本主義は有用であり、国際競争における技術競争においても有効に機能する。資本を技術開発に投入し、技術面で国際間での優位に立てば利益を得る事ができる。事業寡占や技術独占を行う為に、国際的な企業買収や合併の動きも活発である。需要に対して、迅速に資本を配分し供給を手当てする作用にも優れている。
　反面、資本主義の問題点が近年とみに噴出している。資本家優越主義に基づく労働法制及び税制変更により、資本家による利潤の独占が

起き、所得格差の拡大が発生している。日本でも「格差社会」が問題視され、議論の俎上に挙げられている。

　巨大資本の存在が戦争を誘発する危険も常々論じられてきた。1961年ドワイト・アイゼンハワー大統領退任演説において、軍産複合体の危険性が指摘された。近年のアフガニスタン・第二次イラク戦争は軍事・石油の巨大資本が定期的に戦争を欲するが為に起きたとも言われている。

　2008年には実需の金融から乖離し、行き過ぎた投機により大型金融機関の破綻が発生した。2007年8月17日フランス大手金融機関BNPパリバが、サブプライム債を組み込んだ高利回りファンドの解約停止を発表し、同日イギリス中堅銀行のノーザンロックで「取り付け騒ぎ」が起きた。欧州に端を発した金融危機は米国に波及し、2008年3月にはベアー・スターンズがJPモルガン・チェース救済合併され事実上破綻する。同年9月7日不動産担保証券残高計5兆ドルを保有する米政府系金融機関（GSE）の連邦住宅金融抵当公庫（フレディマック）と連邦住宅抵当公庫（ファニーメイ）が公的管理下になり、9月15日にはリーマン・ブラザーズ証券が連邦倒産法第11章の適用を連邦裁判所に申請し破綻した。保険会社アメリカンインターナショナルグループ（AIG）へは1525億ドル、シティグループへは450億ドルの公的資金投入され、自動車会社ゼネラルモータース、クライスラーまでもが国有化された。資本主義の原則では経営破綻した企業は市場から退出を迫られるはずである。しかし、事業規模が巨大であるが故に破綻時の悪影響が大きいからといって、税金を投入して企業救済を行うことは本源的な規則違反である。政府救済による市場介入は自由放任主義（レッセフェール）を掲げた米国の論理的破綻でもあった。

　2012年の現在に至るまで各国中央銀行が公債や金融商品を引き受け

することが常態化しており、「マネーの輸血」により国際的金融システムに延命措置が施されている状態にある。金融システムが重篤な危機に陥った理由について、歴史を辿り検証してみる。

2　アメリカ型資本主義の成因

　アメリカは政治、経済、司法、社会を極小数の権力者達で管理している。アメリカという国家の成り立ちが、権力の集中を産み、更には証券化金融に邁進していく動機となっている。アメリカにおいてイギリスから独立を勝ち取る過程こそが、アメリカ型資本主義の源流となっている。

　資本主義の成因は諸説あるが、資本の蓄積と企業家精神を有する人々の衆参が必要であったことは論を待たない。ヴェルナー・ゾンバルトによれば、海賊、それに賭博師も投機的な企業家精神を準備したとする。ヨーロッパ諸国は「職業的によく組織された海賊業」を奨励し、「紳士冒険家」と呼ばれる金持ちを後援者とした。近代の大商人の海賊的性格は、大がかりな貿易及び植民会社の中に登場すると指摘し、貿易は略奪的な冒険的商業でもあった。

　18世紀、ヨーロッパの支配層や金融サービスを提供したユダヤ人バンカーらが商業資本や軍事費として、アメリカ大陸の湾岸植民地へ資本投下した。併せてカリブ海やアフリカからの略奪されてきた奴隷と、探検隊という名の海賊が強奪してきた品物が流れ込んだ。イギリスはヨーロッパ各国と戦争となるたびに、敵船拿捕許可状を大西洋岸に駐留していた船主らに発行し、私掠船が合法的に略奪した貨物はアメリカ北東部に陸揚げされた。

　イギリスは1755年のフレンチ＝インディアン戦争（英仏七年戦争）

第 1 部　資本主義の行き詰まり

を経て、フランスを北アメリカから追い出し、アメリカにおける覇権を確立する。アメリカは流通する貨幣が不足したので「殖民券」と呼ばれている紙幣を発行した。新しい紙幣の誕生と流通は、必然的にアメリカ植民地がイングランド銀行の管理下から離脱することを意味していた。英国議会は1764年に「通貨法」を決議し、アメリカ植民地の各州が独自の紙幣を発行することを禁じ、イギリス政府への納税には、すべて金と銀を用いるように植民地各州政府に強要した。アメリカはイギリスに通貨発行権を奪われ、流通貨幣不足に陥り不況が常態化した。

　アメリカの貿易商は、免許を得た正規の貿易と平行して活発な密貿易を営んでいた。彼らが得た貿易の収益は、反英運動の最大の資金源であったので、イギリスは密貿易を本格的に取り締まり始め、対立は激しさを増した。英国国王は貿易を独占して免許料を徴収し、1764年にはイギリスは戦費を回収する為に砂糖税法を制定して、砂糖の関税を引き上げ、ブドウ酒にも関税を課した。更に1765年には正式文書への印紙貼付を定めた印紙税を制定するが、イギリス製商品の輸入停止運動の高まりにより二年後には廃止に至った。1767年には紅茶、紙、鉛、塗料、ガラスなどに輸入関税をかけるタウンゼンド諸法を成立させた。

　これに不満を持ったアメリカでは、再びイギリス製品不買運動が行われた。1770年にはイギリス軍がボストンの群衆へ発砲し、ボストン虐殺事件が起きた。1773年イギリス商船の茶を海へ投げ棄てるボストン抗議行動へと、米英の対立が深まっていく事となる。1775年4月19日にはボストン北西郊外のレキシントンで、イギリス軍とアメリカ植民地の民兵による武力衝突が起こり、全面的な戦争に突入した。

　独立戦争勃発時、総司令官に任命されたジョージ・ワシントンは43

歳の若さであった。1777年1月にワシントンがトレントンを奇襲して勝利を収め、さらに同年10月のサラトガの戦いでイギリス軍を包囲し、降伏させることに成功する。1778年12月には米仏同盟条約の調印に漕ぎ着け、1781年9月にはヨークタウンの戦いでイギリス軍を撃ち破り、これによって戦いはアメリカ軍の勝利が確定する。

　13の植民地は連合規約を結び、それぞれが州を構成して中央政府を樹立し、アメリカ連邦を形成することを決定する。1783年アメリカとイギリスの間でパリ条約が結ばれ13の植民地の独立と、ミシシッピ川以東の割譲が認められた。イギリスはさらに、ヴェルサイユ条約でフロリダとミノルカ島をスペインへ、セネガルをフランスへ割譲する事となった。

　世界最強の軍隊を持つイギリスを相手に7年にも及ぶ独立戦争を戦ったアメリカは、当初武器弾薬の量産製造技術を持たず、戦費を調達する税制すら無かった。戦争に駆り出された一般市民や農民、奴隷、戦場となったバージニア以南の農園は疲弊した。他方、アメリカ独立戦争で莫大な利益を得た者もいた。イギリスの商戦を略奪する免許を得て、3000隻以上の膨大な商船と積み荷を略奪した私掠船の船主たちだった。海賊免許と戦争債券で財を成した船主達が建国時代の支配層を形成し、イギリスの遺産が多く残されたアメリカ北東部に政治、軍需産業、金融と貿易、紡績工業、教育制度を包含する支配体制を築く事となった。アメリカ独立戦争はポンドの支配から脱却し、自国通貨を得る戦いでもあった。1792年にフィラデルフィアに米国造幣局が創設され、連邦通貨制度が確立された。

3 アメリカ・ドル覇権の確立

　基軸通貨であったポンド・スターリング体制から金ドル通貨体制への移行が確定したのは、1944年7月にニューハンプシャー州ブレトン・ウッズで開催された連合国通貨金融会議で締結したブレトン・ウッズ協定の発足による。連合国側は枢軸国側の敗北を見越して、戦後の通貨為替及び通商・経済発展のための投資援助の仕組みを定めたのである。

　二度の大戦による疲弊で基軸通貨としてのポンドの命脈は尽きていた。1943年にはロンドンからニューヨークに、当時の英国国家予算規模の二倍に相当する金が移動された。これにより全世界の金保有の90％が米国に集積された。

　ブレトン・ウッズ会議で、経済学者ジョン・メイナード・ケインズを代表するイギリス側はケインズ案として、新たに国際決算同盟とその通貨単位である「バンコール」の創設を打ち出した。各国の中央銀行を束ね、信用創造機能を有する国際中央銀行の創設と政府間通貨＝基軸通貨としての不兌換紙幣「バンコール」の発行の提案である。加盟国相互間の債権・債務はバンコール勘定で行われることによって、経常取引の必要をなくし、差別的制限を抑止するものであった。アメリカ側代表はノルマンディー上陸作戦の最高指揮官であったマーシャル元帥こと、ジョージ・C・マーシャル国務長官だったが、ハリー・デクスター・ホワイト財務省次官主導で「ホワイト案」が提示された。ホワイト案は国際金融機関の創設を意図し、ドル中心の国際管理通貨制度を制定して、国際決済手段の地位を独占するものだった。この安定基金は、債権国、債務国と三者で折半してポンド債務残高の処理を

43

行うものであり、ポンド地域をはじめとする諸国がロンドンに保有している巨額の残高を処理するものだった。アメリカの意図は安定基金を通じてポンド・スターリング体制を解体する点にあった。

ブレトン・ウッズ協定によって創設された国際通貨基金（IMF）は米国が主導する短期資金を融通する組織であり、金と交換性を保った米ドルに他国の通貨をリンクさせ、為替相場を維持して通貨・金融の安定を目指すものであった。基軸通貨としてのドルを中央銀行間では金との兌換を保持させることにより、ドル増発のリスクを回避する歯止めをかけた。

1933年から11年間国務長官を務めたコーデル・ハルは世界大戦の原因について次のように述べた。

「自由貿易は平和と、高関税、貿易障壁、そして不公正競争は戦争と密接な関係がある。第二次大戦は保護主義と孤立主義とがファシズムと軍国主義の温床となった。」

確かに1929年の世界恐慌後、各国は自国産業保護のため輸入関税を引き上げる一方、通貨切り下げ競争に陥った。1930年アメリカはホーリー・ストーム法によって関税を引き上げ、イギリスは1932年オタワ協定により保護貿易へと走った。日本やドイツは石油や鉱物資源を求めて、軍事力を行使しつつ海外進出を行なった。ハルの言葉は一面ではその時代に起きた事実を言い表しているだろう。だが歴史は覇権国こそが自由貿易によって利益を得てきた事を指し示し、現在の環太平洋戦略的経済連携協定（TPP）議論をも考えると、軍事覇権を背景にした自由貿易の押しつけは、属国にとって自国産業への収奪や荒廃を招く、不都合な貿易体制であることも事実である。

第二次大戦中、アメリカはイギリスに対し、武器貸与法に基づく対欧軍事援助に際して注文をつけた。戦後に英連邦特恵関税廃止を原則

として行うという約束をするように迫ったのだ。アメリカは戦時中からイギリスに対して、戦後のGATT自由貿易体制（関税および貿易に関する一般協定）の確立を前提に外交を行なっていた。

1945年12月6日には英米金融協定が調印された。イギリス政府への借款供与、及び為替、貿易、通貨に関する取り決めである。イギリスの経常赤字を補い、多角貿易の義務を果たせるように支援するという題目であったが、アメリカの狙いはポンド・スターリング・ブロックの解体にあった。戦後は東西対立を背景にヨーロッパの復興援助のため、アメリカはマーシャル・プランを実施した。130億ドルに上る対欧復興援助は、ドルがポンドを押しのけてヨーロッパに浸透するために活用された。

4　揺らぐドル覇権

ブレトン・ウッズ体制下で西側諸国は、史上類を見ない高度成長を実現。日本は1950年代から1970年代初めにかけて高度経済成長を実現し「東洋の奇跡」とよばれた。安定した自由貿易の利益が先進工業国全体の経済を改善した。

一方、米ドルという一国の通貨が国際通貨の役割をも担っていることが原因で、アメリカの経常収支赤字によって過剰にドルが流通しても、価値が減価しないという問題があった。1967年のIMF総会においてIMF加盟国の特別資金引出権（SDR）の創設が決定された。各国の批准を経て1969年、ケインズの提案した政府間通貨「バンコール」は、特別引出権（SDR）として一部実現した。現在のSDRに対する通貨の加重平均はドル45％・ユーロ29％・円15％・ポンド11％となっている。

1971年、長引くベトナム戦争により財政が逼迫していたアメリカに対して、フランスのド・ゴール大統領が多額の米ドルと金の兌換を要求した。アメリカは要求に応じられず、加えてドルが投機攻撃され、遂に同年8月16日ニクソン・ショック起きた。金本位制が廃止されブレトン・ウッズ体制は終結する。その後、ドルの信任を担保してきたのは石油決済通貨としての存在価値である。1978～79年に第二次オイルショックが勃発、アラブの産油国はイスラエルを支援するアメリカのドルでの石油取引を回避するため、SDR建に替えようとした。石油のドル表示が中止になれば、ドル暴落という事態すら懸念された。FRBは政策金利を22％まで引き上げて、石油のドル表示防衛を行なった。超高金利になったためアメリカ国内の金融機関や建設会社は壊滅的な打撃を受けた。多大な犠牲を払ってでもドル基軸通貨体制の座から滑り落ちない為に、ドル石油兌換体制維持に腐心せざるを得ないアメリカ側の懐事情があった。アメリカは過剰投資＝過少貯蓄の状態で、外国からの投資を受けてドルを還流させなければ、経済は停滞してドル減価が進む状態にあった。

　近年の動向としては、2003年アメリカを首班とする多国籍軍はイラクを軍事攻撃し、フセイン政権は崩壊した。イラクは石油輸出をドル決済からユーロ決済への移行を決定していた。イラク戦争はドル基軸通貨体制防衛戦争の側面を持ちえていた。

　クウェートとバーレーンは2007年にドル・ペッグを外して複数の外貨と連動した変動相場制に移行している。中東諸国の盟主サウジアラビアは自国通貨リアルをドル・ペッグしている。原油の輸出量が多いサウジがドル・ペッグしているからこそ、原油取引でのドル表示が続いている。2009年にサウジアラビアなど中東・湾岸産油国で構成される湾岸協力会議が、域内単一通貨の2010年発行を目指していたが延期

になった。

　リビアのカッザーフィー政権は、「ディナール」というアフリカ統一金貨を提唱し、ドル支配からの脱却を目指したが、2011年NATOや米軍の軍事攻撃によりカッザーフィー大佐は殺害されるに至った。

　イランは原油取引をドル決済からユーロ75％・円25％の通貨決済へ移行していたが、2012年欧州連合が制裁措置としてイラン産原油の輸入を全面的に禁止する意向を表明したため、インドに対して原油決済の一部を日本円での支払いを求める事態になっている。

　2011年中国とロシアは元・ルーブル決済に移行し、日本と中国も2012年初頭、ドル決済から円・元の二国間通貨決済に移行しつつある。ドルの基軸通貨としての役割はアメリカの圧倒的軍事力を用いた抑止力を持ってしても縮小しつつある。

5　ドル基軸通貨体制延命の犠牲となった日本

　変動相場制下の為替取引が実需に伴って行われていれば、通貨価値の変動により貿易不均衡が是正される。しかし、主要な市場取引での外国為替総取引高に比べ、実需を産む貿易規模は1.2％程度である。70年代に資本取引の自由化、為替取引における実需原則の撤廃がおこなわれ、為替取引は証券投資及び金融機関の自己売買による取引の比重が極めて大きくなっている。日本においては1980年外為法改正により、対外取引を原則自由とした。

　1984年アメリカは純債務国転落し、1986～87年には経常収支の赤字がGNP比3％にまで達した。アメリカは貿易収支の赤字に加え財政赤字も増加した。アメリカは多額の中・長期の国債を発行し、それを日本の生保・損保等の機関投資家が購入し、証券会社は個人投資家に

売り込んだ。日本は対米貿易黒字を積み上げ、米国債の購入を行い、アメリカの対外債務のかなりの部分を肩代わりすることになった。

　1985年9月22日プラザ合意に基づいて各国の協調介入が行われた。1ドル＝240円から87年2月の行われたG7のルーブル合意時には、1ドル＝150円まで円は切り上がった。87年10月にはブラック・マンデーの株式市場暴落で1ドル＝120円にまで至る。更なる「ドルの悲惨な暴落」を避ける為、日本政府は対米協調の名の元に超低金利政策を打ち出して、対米債権投資への勢いを維持しようと腐心する。

　国内金融機関のドル建資産の増加は為替差損をも増大させることになり、1997年には日産生命の破綻により顕在化する。大蔵省が要求する「外債二割運用」という暗黙ルールの元、生保・損保の機関投資家は対米投資にのめり込んだ。ドル建ての金融資産は、多くを機関投資家が保有している。機関投資家の原資は、殆どが個人の国内金融資産である。日本の貿易黒字はドル建金融資産購入を通じて、アメリカ国民の豊かな生活を維持するために使われた。加えて輸出に関連する企業も、円高によって利益の減少を余儀なくされている。利益減少は賃金の減少として、国内景気に影響してきた。

　ドル建債権の購入は機関投資家に留まらず、銀行・証券・農林中金・年金積立金・郵貯簡保・外為特会経由の外貨準備を通じて積み上がった。2003～4年には為替介入に伴い、外貨準備金を通じて35兆円もの巨額米国債購入が行われた。一説にはアメリカが遂行するイラク戦争の資金になったとも言われている。

　日本は内需需要に比べて過大な生産力が生み出す貯蓄部分を国内再投資で消化しきれなかったため、余剰分はドル資産の蓄積に向かった。日米間には政治力による抑圧も有り、日本はアメリカ市場に進出する代償として、資産運用で多大な犠牲を払った。

6　証券化資本主義の欺瞞

　銀行が法人・個人へ貸しつけを行う信用創造行為により通貨の流通量は増加する。銀行貸融資の債権・債務関係は明確であり、与信機能も一定程度働く。「節度」の上に信用創造行為が行われている内には、貸し剥がし等の「信用創造の収縮（不況）」は起こりづらいはずだった。

　1990年代から米国では金融工学の隆盛により資産を証券化し、小口に分割を行い、市場流動性を備えた金融商品が登場した。資産担保証券（Asset backed security/ABS）や住宅ローン債権担保証券（Mortgage-backed securities/MBS）をリスク別に分別加工して束ねた合成債務担保証券（Synthetic collateralized debt obligation/CDO）の市場拡大があり、更にそれらの証券や社債の債務不履行を保証し、信用リスクのみを移転する取引であるクレジット・デフォルト・スワップ（Credit default swap/CDS）の取引市場も幾何級数的に増加した。

　銀行は「融資」を行うと、債権として財務諸表に計上する。融資先の経営が悪化すると、不良債権として自ら計上しなければならないリスクがある。融資先の格付けが落ちれば、債権は不良債権化し、自身の銀行の格付けまで落ちてしまう。格付けが落ちれば、社債の発行時の利払いは増加し、銀行間市場による資金融通でも自行への貸し出し利率が高くなる。

　銀行は自行の債権を証券化していくつもの金融商品に加工し、小分けして高利回り商品として売却すると、財務諸表に計上しなくて済む。国際決済銀行（BIS）の自己資本比率規制をくぐり抜け、手数料を得ることができた。

不動産等の収入を産む資産を証券化すること自体は、日本においても1931年抵当証券法の施行に伴い、抵当権を付けた債権の販売が開始されており、歴史を有するものではある。アメリカの証券化がこれまでと異なるのは、複数の債権を組成しなおして小口に分割され、市場での流動性を備えた点である。

　1999年の金融近代化法（グラム・リーチ・ブライリー法）により、世界恐慌を受けて1933年に制定され銀行と証券の兼業を禁止してきたグラス・スティーガル法が事実上撤廃された。大銀行自らが投機的な金融取引への繰り出す契機となった。

　2000〜05年でアメリカ住宅市場は50％も値上がりした。新築住宅の建設も増加したが、アメリカ中間層の所得は微増に留まった。住宅ローンの貸し手として、与信力の低い所得層へと向かった。2004〜5年の2年間で1兆ドルの資金がサブプライムローン市場に投ぜられたのである。アメリカでは銀行が住宅ローンを融資するわけではなく、住宅ローン専門会社から委託され、歩合制で収入を得る営業マンたちがローンを売る。そこへ巨額の資金が流入したために規律が失われ、借り手の所得や資産に関する証拠書類の提示を求めず、過去の返済履歴も調べないままの貸しつけが横行した。揚げ句には NO INCOME（無所得）・NO JOB（無職）・NO ASSET（無資産）の個人向けローンまで登場し、「NINJAローン」と呼ばれた。2006年6月に米住宅市場価格はピークを迎え、以後値下がりに転じてゆく事になる。

　経済学者ジョセフ・スティグリッツによると、200万件あるサブプライムローンの内、170万件が債務不履行に陥る可能性があると指摘している。与信が比較的高いAlt-Aやプライムローンでも債務不履行が増加した。プライムローンは一件当りの貸付額も市場も大きいので、アメリカ経済に対する影響が懸念されている。

組成した不動産担保証券の価格は暴落し、大銀行は傘下の住宅ローン貸し出し法人である投資ビークル（Structured Investment Vehicle）の財務内容悪化に対する補塡をせざるを得なくなった。大銀行は証券化を通じて住宅ローン貸し倒れリスクを回避したつもりだったが、巨額の不良債権を抱える事になった。

債務担保証券の八割は格付け会社から最上級AAAの格付けを付与された。債務担保証券の価値を知るには、構成部分である個々の金融商品の過去のデフォルト率を調べ、それを組み合わせて全体のリスク特性を計測しなければならない。一度証券化された商品が更に分割されて別の証券に組み入れられることにより、作業が幾何級数的に増える。これらの金融商品のリスクは、商品を組成した人達にしか把握できないのが実情である。実務上、金融機関は格付け会社の信用格付けを基盤に価格計算を行なってきた。格付け会社は債権発行者から手数料を貰う利益相互関係にあり、証券化ビジネスが成長して売上の比重が高まると、中立的な格付けを行う責務よりも、証券化業務を遂行しAAAの格付けを発行する事が優先された。

ベン・バーナンキ連邦準備制度理事会（FRB）議長は2007年秋の議会証言で

「格付けだけを参考にして金融商品を買うことは、投資適確審査をしたことにはならない」

と発言した。米財務省・FRB・ウォール街には「回転ドア」と呼ばれる人材が行き交いする仕組みがある。米証券取引委員会（SEC）の職員にとって金融当局関係者は自分達の先輩であり、それらの組織は将来の天下り先でもある。SECはウォール街に対して厳格な審査が行えない状態にあった。

7　ドル基軸通貨体制の終わり

　アメリカには公的な住宅ローン貸し出し法人がある。前述のファニーメイとフレディマックである。両金融機関は経営危機に陥り、ファニーメイ債（FNMA）とフレディマック債（FHLMC）を購入していた日本の金融機関も、連鎖で経営危機に陥りかねないと言われている。米住宅公社債の内、ジニーメイ債（GNMA）には連邦政府の債務保証があるが、ファニーメイ債とフレディマック債には債務保証がない。

　日本、中国、サウジアラビアなどの中東諸国、ヨーロッパ諸国がニューヨーク市債、カリフォルニア州債などの巨大な赤字団体の発行する米国債以外の地方債を、大量に購入している。地方債も連邦政府の債務保証はない。既にイリノイ・カリフォルニア・ニュージャージーなどの州政府財政はかなり逼迫しており、債務不履行に陥ると予測されている。

　金融保証専門会社（モノライン保険会社）が債務不履行に対して元利払いする取引を行なっている。米地方債の六割、証券化商品の二割がモノラインの保証を利用している。2007年12月モノライン中堅のACA Capitalが10億ドルの損失計上を受け、格付け会社スタンダードプアーズ（S&P）はシングルAからトリプルCまで12段階の格下げを発表した。モノライン大手のアムバック・ファイナンシャル・グループ（AMBAC）、レーディアン・グループ（RDN）の二社は、2008年7月株価が1.05ドルを下回り、ニューヨーク証券取引所で売買停止になった。モノライン各社は、各国の大手金融機関が支えている状態にある。

　FRBは2008年末に量的緩和策（Quantitative Easing）として、米国

債、MBS、米住宅公社債を買い入れた。2010年末には量的緩和策第二弾（QE２）が実施された。FRBはQE２で新発米国債の70％を購入したのである。日本銀行は「日米協調量的緩和」として、2010年10月に国債、国庫短期証券、社債、無担保約束手形、上場投資信託（ETF）、不動産投資信託（REIT）を購入した。ETFとREITについては価値変動リスクを危惧する意見がある。2012年に入るとREITは日銀が単独で買い支える相場状況になっており、仮に日銀がREITの購入を止めれば、相場が暴落する可能性は高い。

　巨額の量的緩和により中央銀行が供給する通貨量（マネタリーベース）の1990年と現在の増加量では、ドル円比較で三倍規模の通貨供給となっている。マネタリーベース換算ではドル円レートは１ドル40円程度が適正水準となる。

　全世界にばらまかれた債務担保証券や金融派生債券の総額は六〜八京円と推定されている。1998年に破綻したロング・ターム・キャピタル・マネジメント（LTCM）の場合「運用金額の2.5％相当の救済額」が必要だった。合成債務担保証券は複数の不動産担保証券を束ねているため解け合い解消出来ず、実損率は高くなるとの試算がある。仮に実損率が2.5％〜５％とすると、1500〜4000兆円の公的資金救済が必要となる。日本の土地・株価バブル崩壊に伴う損失補塡が100〜150兆円で、国内総生産の２〜３割だったのと比較すると、アメリカ証券化バブル崩壊規模はかなり大きいと言うことができる。

　金融市場はFRBによる量的緩和策第三弾（QE３）の実施を予想している。FRBが持続して市中の金融商品購入を続けなければ、証券化商品は流動性を失い、再度金融危機が発生しかねない。とは言え、通貨供給を増やせば通貨価値が減価していく事は避けられない。

　ポンド危機、タイ・バーツ危機を仕掛け、「通貨マフィア」と称さ

れた著名投資家ジョージ・ソロスは述べた。
「国際通貨としてのドルの時代は終わりを示している」

おわりに

　商業は市場が要求する財やサービス提供の継続を重んずるはずが、資本の梃を利用して利潤を短期間で追求する事が優先されるようになった。人員削減や開発・設備投資の削減で利益を絞り出すビッグバス会計（垢落し会計）や、粉飾操作的な企業買収会計処理が横行した。証券化バブルも米政府公認による海外からの資産収奪算法だったのだとも言える。この帰結として、中央銀行による公債や金融商品の巨額買い受けが常態化しており、不換紙幣の大幅減価が生ずると想定される。現代において庶民生活の貨幣依存はかつてない程に強まっている。現状で食料・エネルギー・鉱物資源の価格上昇が発生する事は、深刻な生活不安を発生させる。

　日本はアメリカが用意した自由貿易体制の恩恵を強く受けている。低廉な資源・エネルギーの調達体制が持続する事によって、製造・加工業が成立している。平地が少ない国土に一億二千万人もの人口を擁して、国家を維持できるのは、自由貿易の賜物なのである。仮に各国がブロック経済や保護貿易に舞い戻れば、日本の産業界は立ち所に打撃を受ける。日本は自国に擁した過大な人口が、自由貿易体制の人質となっているとも言える。パックスアメリカーナも遠からず終わる事が想定される中、日本は円決済圏の版図を広げ、自律して資源を調達出来る体制を構築していく必要がある。

　資本主義は社会階層間の行き来を発生させ、封建体制からの脱却装置でもあったはずだった。だが、行き過ぎた投機型資本主義によって

富と権力の集中が発生し、歴史的円環の果てに疑似的な封建体制に変容してしまった。戦前には流血の労働争議を繰り返し、悲惨な大戦を経た後に、日本国憲法の精神を受けて労働三法が成立した。戦後の高度経済成長は労働法制に拠って立つ所が大きい。しかし、2004年の労働者派遣法改正により、非正規社員が増加し、労働者の権利は大幅に奪われ、社会格差が拡大している。現代日本社会は一見すると資本の自由こそあるが、実質では社会の硬直化が進行中である。

　再び活力を取り戻すには、実体経済を裏支えする篤実な金融制度に回帰しなくてはならない。併せて労働者の権利を再度手厚いものにし、税制において所得再配分機能を高める必要があると言えよう。

参考文献
ラビ・バトラ（1993）『貿易は国を滅ぼす』光文社
井出保夫（1999）『証券化のしくみ』日本実業出版社
岩田勝雄（1997）『２１世紀の国際経済』新評論
鎌倉孝夫（2011）『資本主義の国家破綻』長周新聞社
小林由美（2006）『超・格差社会アメリカの真実』日経ＢＰ
リチャード・クー（2008）『日本経済を襲う二つの波』徳間書店
松藤民輔（2007）『無法バブルマネー終わりの始まり』講談社
松藤民輔（2008）『マネーの未来、あるいは恐慌という錬金術』講談社
松藤民輔（2011）『地獄に落ちる世界経済』PHP
長島誠一（1996）『経済学原論』青木書店
ジョージ・ソロス（2008）『ソロスは警告する』講談社
吉川元忠（1998）『マネー敗戦』文春新書

第3章　近代社会と市民にかんする一般理論序説
　　　──新しい社会主義像を構想する手がかりをもとめて──

瀬　戸　岡　　紘

1　問題の所在──ソ連崩壊20年のいま問われていること

　社会主義思想は、ほぼ資本主義の誕生とともに誕生した。それは、社会主義思想が資本主義経済にたいする、ほかならぬ批判思想として誕生したものだからである。「資本主義とは資本が人間社会を支配する社会制度である」ということを人間がはっきりと見抜くまでにはまだ時間を要したとはいえ、「見えざる手」ではなく、「人間の意思で人間社会が運動するものであるべきだ」という、近代的市民なら自然にいだく期待が、黎明期の社会主義思想として芽生えていたといってよいだろう。

　社会主義思想の端緒は、産業資本主義が確立するまえの重商主義段階で、資本の論理が人間社会にもたらす問題点に気がついた作家や思想家たちによって、すでに拓かれていた。トマス・モアの『ユートピア』、ジョナサン・スウィフトの『ガリヴァー旅行記』第4編の「フーイヌムの国」などは最も初期のものであるが、やがて啓蒙思想をうけたサンシモンやフーリエがはっきり社会主義思想といえるものを提起していった。だが、産業革命をへて成立した資本主義のあまりの野

蛮さをまえに、人はたんなる願望では資本主義の廃止と社会主義の実現を達成できないことをさとり、資本主義経済制度の緻密な分析をふまえ、それにもとづく社会主義革命を展望するようになった。カール・マルクスは、その作業のなかでは特筆にあたいする重要な一石を投じた一人だった。

　だが、マルクスの業績が高く評価されるようになるにおよんで、この思想の継承者たちのなかに、素朴な社会主義思想が秘めていた社会主義の幅広い可能性を限定するような傾向があらわれた。たとえば近代初期の市民が理想としていた個人主義の全面的開花とか、市民のゆるやかな共同社会としての社会主義社会というイメージは、マルクスの継承者を自認する人たちのあいだでは希薄化し、労働者個々人の組織化や組織された人びとの権力との闘争に重点が移行していった。それは、一言にして、社会主義の幅広い可能性の最初の限定であった。マルクス主義から社会民主主義が離反したのは、その結果だった。

　さらに、マルクス主義を基礎にしながら、帝国主義時代の革命を構想し、実際に革命を、第1次世界大戦という史上空前の大混乱のなかをすりぬけるようにして実行してみたのがレーニンとその集団であった。ソ連は、そのなかで生まれた未熟児としての社会主義国家だったといってよいだろう。ソ連は、資本主義の未熟さ、それゆえの社会主義社会の担い手の未熟さにくわえて、帝国主義列強の包囲のなかで権力を維持しなければならないという社会主義の建設すらおぼつかない状況のなかで、マルクスの継承者たちでさえ納得しがたいと考えるような国家へと変貌していった。そういう数多い事例のほんの一端が、「国有化」、「指令経済」、「共産党独裁」などである。それは、社会主義の幅広い可能性の第2の限定であった。ソ連の社会主義は、その偏狭さゆえに崩壊した、といってよいだろう。

ソ連崩壊の一方で、その顛末をきわめて慎重に検討しつつ、社会主義の権力が生きのこるための、まったく異なる道をめざしているのが中国共産党の指導のもとに推進されている「市場社会主義」であろう。それは、もはや社会主義とは呼べないといってよいかもしれない代物であるが、ともあれ、それは、社会主義の幅広い可能性の第3の限定、というより、ここまでくれば、社会主義の重大な変更である、といってもよいだろう。

　本稿では、そのような現状をふまえて、さしあたりソ連崩壊20年のいま、あらためて問われていると考えられる社会主義像を、その原点の思想にたちかえり、再考してみようとするものである。ただし、紙幅の都合上、本稿では、あくまで論点の提起程度のことしかできない。本稿の問題提起が契機となって、筆者をふくむ多様な人びとの討論が展開されることを期待する次第である(1)。

2　近代初期市民による三つの変革運動

　社会主義思想は、資本主義への批判思想として誕生した以上、資本主義または資本主義経済が前提とした西欧近代政治思想の最高の到達点からの後退ではありえない。もし後退が見られるとすれば、それは社会主義思想ではない、といわなければならない。たとえば、「国家権力」をもって「国有企業」を中心とする「指令経済」を実行するなどということは、近代政治思想にてらして、あってはならないことであり、それゆえ、それは社会主義思想とは無縁のことだといわなければならない。

　では、西欧近代政治思想の核心とは何であり、それはどのように展開し、そのどこが批判の対象として、すなわち社会主義思想の形成へ

とつながっていったのか？　以下、それを、ごく簡単に整理してみよう。

　西欧近代政治思想のもっとも奥深い核心は、自由主義でも、民主主義でも、平等思想でも、その他の何ものでもなく、**個人主義**であった。それは、ヨーロッパにおいては、台頭してきた商人たちの勢力が、かれら個々人の可能性を抑圧していた聖界と俗界の権威と権力（カトリックと封建勢力）に対抗する思想として誕生した。その思想は、当初はひかえめなルネッサンスという文化運動の形ではじまったが、やがて**宗教改革**という形で、カトリックの権威と権力に一撃をくわえ、もって中世ヨーロッパ的封建秩序の全体を瓦解させ、新興市民たちの意向にそって社会を再構築する前提を用意した。その意義は、いくら強調してもしすぎることはないであろう。宗教改革は、16世紀初頭にはじまり三十年戦争の終結する17世紀なかばまで百年以上もつづいた一大ヨーロッパ革命であったし、その基本思想は一連の啓蒙思想家の思想のよりどころであったし、さらに宗教改革の余波は、アメリカ独立革命とフランス革命やナポレオン戦争にまでおよんで、ヨーロッパ世界をすっかり変容させてしまった、その出発点だったからである。

　近代政治思想の核心としての個人主義の体現者が**近代的市民**である。近代的市民の特徴は、**みずから判断し、みずから行動し、みずから責任をとる、自立した個人**である。宗教改革は、そのような自立した個人の判断、行動、責任に正当性をあたえる運動だったということもできる。

　さて、近代的市民がみずからの判断、行動、責任に正当性を獲得したとはいえ、そのままでは社会の近代化はすすまない。そこで不可避的にもとめられたことが、**市民の国家を建設**することだった。市民の国家の建設には、しばしば市民革命という劇的な政治変動をともなっ

た。市民革命ないし相応の政治的変動をへて、市民たちは国家権力を封建勢力から奪取したのである。

　しかも、そればかりではない。市民は、近代的国家の形成に先立つかたちで、口語体による近代言語を生みだした（近代ドイツ語、近代フランス語、近代英語などが各国のルネッサンスや宗教改革の過程と並行して成立）。近代言語の形成は市民文化の興隆に貢献し、やがて市民革命をへて、市民の共同体を形成していく基礎となった。とくに言語と文化の共通性にくわえて、市民たちの利害の共有できる範囲が明確になってくると、その共同体への帰属意識はいっそう高進し、やがて近代的**民族の誕生**へとつながった。

　民族国家（Nation State；日本では通常「国民国家」と呼ぶことが多かった）は、この文脈からもわかるように、きわめて近代的な概念であって、古代など古い時代からあったものではない。それは、近代的市民の権力の機構なのである。イギリスという国も、フランスという国も、ドイツという国も、その他の近代的な国々も、すべて、大昔からあったものではなく、近代的な市民の形成と並行して成立したものである（統一国家の形成のおくれたドイツについても原理的には例外ではない）。

　ところで、市民の権力が確立し、全国共通通貨と中央銀行制度、近代的な民法と商法と刑法、税制や貿易政策などが、国家権力をとおして、全国的に施行されるようになると、市民たちにとって、のこる仕事は、市民社会に内実をあたえることとなる。市民社会という外的なうつわに、内的な実態がこめられた社会が、ほかならぬ**資本主義社会**であった。その資本主義を確立するための一大変革運動が**産業革命**だった。

　以上、近代的市民は、まず宗教改革をとおして個人主義思想を正当

化し（**第1ステップ**）、つぎに市民革命をとおして近代的市民の活動を庇護してくれる権力を獲得し（**第2ステップ**）、最後に産業革命をとおして近代社会に経済的内実をあたえた（**第3ステップ**）。資本主義社会は、これら近代化の3つのステップをとおして成立したものである。

　ついでながら、社会主義とは、近代史の総過程を大局的にとらえたばあい、この最後の段階としての第3ステップ（第2ステップを一部ふくむ）に異議をとなえる形で生まれてきた、といってよい。

3　現代の中流市民層──近代初期市民と異なる特質

　さて、近代社会を開拓し、それに経済的な内実をあたえて資本主義社会を形成していったのは、近代初期の市民であったが、一口に市民といっても、かれらと、現代われわれが目にしている市民とは別ものと考えなければならない。なぜか？

　なるほど、もともと「市民」と称されていた人たちとは、たとえばフランス革命まえの三部会などでは「第三階級」として、商工業などに従事する者も農民その他の民衆一般と同じ身分に一括されていた。だが、商工業者などの一部は、その後成功して、プティブルジョアに、さらにブルジョア、または資本家階級の一員へと成長し、近代社会の支配階級の構成員となっていった。そのとき、とりのこされた人びと、およびあらたに資本の労働力として資本に従属するようになった人びとは、プロレタリアとなり、ブルジョアと利害が対立するようになっていった。こんにち市民とみなされている中流の人たちは、そのプロレタリアのなかから生まれてきた人たちなのである。

　ブルジョア階級として、市民の上にたつ市民となってしまった近代初期の成功した市民たちが、必然的に社会の保守陣営にくみしてしま

ったいま、社会の変革者としてわれわれが考察しなければならないのは、ブルジョアになれなかった人たちのなかの比較的上層の部分、すなわち現代中流市民層である。というのも、社会の変革運動をおこしたり、推進したり、指導したりする人びとは、世界史のどの時代のどの地域においても、社会の支配層のすぐ下にいて、社会全体のことを比較的よく承知しているにもかかわらず、社会の指導的地位にたてない人たちだからである。現代史においても、下層の肉体労働者から成功の可能性のある根底的な変革運動が何ひとつおこっていないことを見ても、そのことは理解されるであろう。[2]

　現代の中流市民層の特質について、とらえておくべき要点は、以下のとおりである。

　第１に、資本主義はその安定と発展のために中流市民層という分厚い支援者層を必要とする。資本主義の爆発的発展をみたところをしらべてみると、まさに広範な中流市民層の創出および存在によってもたらされていることがわかる。たとえば、こんにちのアメリカ資本主義は、もしＧＤＰの７割を占めるといわれる一般市民の旺盛な、という以上に過剰なほどの消費需要がなければ、とっくに破綻してしまっていただろう。昨今の東アジアの急激な経済成長も、中流市民層が大量に生まれ、かれらが大量に消費していることが強烈な資本主義の発展をささえている。

　もっと一般化していえば、中流市民層は、一方では、資本主義経済をささえる働き手でありながら、他方では、消費者として商品市場を、就職と転職をとおして労働力の適正な配置に貢献するという意味では労働市場を、また、なけなしの微小な貯蓄を金融機関にあずけ社会全体の投資活動の底辺をささえるという意味では金融市場を、一言にして、市場経済を底辺からささえている。しかも、かれらは、概して政

治的にも体制支持派として、政治の面からも資本主義体制をささえているばあいが多い。(3)

　このように、資本主義は、まさに中流市民層によってささえられているのである。その意義の大きさは、資本家階級が資本主義経済に関与していることと比較しても、勝るとも決して劣ることはないといわなければならない。

　第2に、資本主義がその安定と発展のために必要とする中流市民層は、資本主義の発展過程のなかで、人為的につくりだされてきたものである。その過程は二様であった。ひとつは、労働者たちの運動が、賃金、労働時間、作業条件や生活条件の改善を実現させた結果であった。もうひとつは、危機に瀕した資本主義が自滅ないし労働者たちの抵抗のまえに崩壊してしまうことのないように、資本の側から政策的に中流市民層をつくりだした結果であった。たしかに、資本主義の発展が、事務的、営業的、管理的業務を増大させ、いわゆるホワイトカラー、サラリーマン、OLといった層を大量に生みだした点も、中流市民層の創出・拡大をうながしたが、労資双方からの運動がなければ、こんにち見るような膨大な中流市民層の形成はありえなかったことだろう。

　第3に、現代資本主義は、こうしてつくりだした中流市民層と資本主義的経済機構とのコラボレーションとして機能している。そればかりではない。現代資本主義においては、有用な人材を中流市民層のなかからたえず補完しつつ有用でない人材と置きかえて、体制の支配と安定のために最良の状態を恒常的に維持している。すなわち、中流市民層は、みずからの「代表委員」ないし「執行役員」としての上流階層を生みだし、しかも上流階層をささえる重要な部隊でありつづけ、上流階層に有能な人材が不足ないし欠落するときは中流のなかから新

たな有能な人間を上流階層に押し上げて体制を維持するプールの役割さえはたしているのだ。その役割をはたす可能性の大きさは、貧困層への理解をしめしかれらと協力する可能性より、はるかに強いといってよい。

　第4に、全地球的な視野で見れば、現代資本主義のグローバルシステムのなかでは、世界中の中流市民は全体としては搾取者の一員であり、グローバルな支配階級構造の一角をなしている、といえる面を見逃してはならない。

　すなわち資本主義の経済システムは、資本主義の発展とともに中流市民層という支援者・協力者を増大させてきたために、ますます強大化することが可能になり、その結果、帝国主義列強間戦争とその変種としての冷戦の時代の終焉後には、地球を単一の市場とするような広がりをもつ巨大経済機構にまで膨張した。そこでは、世界の中流市民層が世界中で生産される商品の消費者となる。そのことは、世界の中流市民が、グローバル化した資本主義機構をとおして、低賃金で、長時間、過酷な条件ではたらく世界中の労働力の搾取者になっているという一面をのぞかせている。一言にして、「世界中の低賃金労働力をはたらかせて、世界中の中流市民層が消費する」という構造ができているということである。しかも、グローバル化した経済では、生産の現場と消費の現場とは、距離的にいちじるしく離れているから、個々の中流市民は自分が搾取者になっていることすら気がつかない。資本主義とは、もともと搾取の隠蔽される経済機構だが、その構造は、この段階にきて極限の形態へと発展する。

　世界の中流市民層のためにはたらく世界の下層低賃金労働力は、また、その数をさらにしのぐ仕事にありつけない極貧の人びと、すなわち、いわば現代の「産業予備軍」の存在のために、はてしない低賃金、

長時間、作業条件劣悪な労働を全地球的規模でしいられているのである。資本主義的搾取の究極の形態といってよいものが、ここにある。

こうして、グローバル化された資本主義は、世界中の金融資本・多国籍企業の寡頭支配機構と世界中の中流市民層との国境をこえたコラボレーションによって、世界中の「産業予備軍」にかこまれた世界中の低廉な労働力を搾取する世界経済システムとなっている。それは、資本主義としては、その誕生いらい最強の強度に達したものである。しかも、その世界システムをささえる中流市民層の人口は、グローバリゼーション進行のもと、最近40年あまりのあいだに倍増し、世界人口の約15％に相当する10億人をこえ、いまも増大しつづけている。このような世界中の中流市民層にささえられた地球規模での搾取と蓄積の構造こそ、資本主義の究極の姿である。

4　現代中流市民層が「裏切られた」と感じるとき

現代の中流市民は、その多くが雇用され、賃金を得られなければ生活もできないという意味では、古典的な解釈にあてはめるならばプロレタリアートの位置にいる。だが、他方では、資本主義的生産物の消費者であり市場経済の底辺からの支援者でもあり、金融資本の巨大な機構とのコラボレーションによって資本主義をささえているうえ、地球規模でみたばあい、後進諸国での労働の成果を安価な代金の支払いで消費しているのだから、イデオロギー的には上流市民の思想を受け入れやすい。したがって、かれらは、一般論としては「人間は大切だ」などという労働価値論的な考え方を理解しうる立場にある反面、実生活のなかでは、はしたなく口にはしないものの、「カネを得る」、「カネをムダにしない」、「カネさえ払えばよい」、「カネこそこの世でいち

ばん大事なもの」などといった考え方で行動しがちであり、「効率」とか「指標にできる数字」とか「実績」とか「蓄積」などという効用価値論的な価値基準で行動していることが多い。

　しかし、それも経済成長がつづき、資本主義的経済循環が順調に機能しているときにかぎられる。成長に限界が見え、循環が期待したようにすすまなくなったとき、中流市民たちは、以下のような行動にでる。

　第1に、資本主義的経済機構への依存者であるばかりでなく、それへの理解者であり、協力者だったと自認してきたはずの中流市民層は、所得の低迷や減少、失業またはその危険、各種保障の削減や廃止などをとおして、その機構から「裏切られた」とか「見捨てられた」などと感じたとき、一転して、**体制にたいする反抗者になる**ことが多い。ただし、反抗者といっても、それがただちに社会システムの進歩的変革をめざすような批判者になるというのではなく、多くのばあい、反抗行動の先の展望をもたない単純な抵抗運動にとどまる。最近の事例では、ヨーロッパ各地のデモやその他の直接的行動（イギリスの若者の暴動やノルウェイの青年による銃乱射事件など）がそうであるし、中国での高速鉄道脱線転落事故をはじめとする一連の失政にたいする怒りの行動もそうであるし、アラブ諸国の一連の運動も、独裁政権打倒後の社会のイメージをもたないままの運動という意味では同類と考えてよい。運動の担い手については、アメリカやヨーロッパのばあい、あきらかに中流市民であるし、中国についても、もともと中国共産党のもっとも手堅い支持層として地位を高めてきた中間所得層とそのこどもの世代（若者）であるし、アラブについても、運動の主体は最近ようやく地位向上の可能性が見えはじめた市民たちやそのこどもの世代（若者）である。

ここで注意を要するのは、仕事や財産を失って貧困な生活者に転落した市民たちを、もともと社会の下層にいた貧困層と混同してはならない点である。なぜなら、かれらは、生活基盤においては転落者になったとはいえ、その後も、中流としての従来からの思い出とプライドだけはほとんど失うことはないからである。それゆえ、その思い出とプライドが、転落を機会に、むしろ前面にでてきて、既存の社会体制に対する反抗となってあらわれるのである。かれらの運動が、ほとんど社会変革としては有効性がないのも、そのためである。(4)

　だが、さらに危険なばあいもありうる。**第2に、中流市民層が許容限度以上に不安や不満を鬱積させたとき、もし乱暴な扇動者があらわれ、かれ（ら）との呼応関係が成立してしまうと、排外主義やファシズムのような政治的反動の方向にいっせいに走ってしまうこともありうる点に注意しなければならないからだ。**

　そもそも自己の位置を労働者階級でも資本家階級でもないと思いこんでいるばあいが多い中流市民層にとって、階級問題は通じにくい。この点に着目し、中流市民層の不安や不満を階級問題ではなく民族問題へとすりかえる思想と運動が、排外主義（ショーヴィニズム、盲目的愛国主義）やファシズム（ネオナチズムなどをふくむ）である。両大戦間期のヨーロッパにおいては、中流市民層の不満を組織化しようとする運動が、「反資本主義」・「反社会主義」を旗印に、各国に無数といってよいほど出現した。その組織化が成功し、実際に権力を獲得し、排外主義的路線と戦争の遂行にまで到達してしまった事例が、イタリアのファッシズモとドイツのナチズム（あわせて「ファシズム」）だった。今日の世界各地には、ファシズムの芽生えを予感させる事件が多数おこっていることに、われわれは細心の注意をはらわなければならない。(5)

とはいえ、現存の社会体制に疑問をいだいたり批判的になったりした中流市民層が、すべて、明確な展望ももたない運動や極端な反動（ファシズム）に傾斜するわけでもない。着実な社会変革者に中流市民層が転換するばあいもある。これが、中流市民層のとりうる**第3の道**である。

たとえば、デンマークのロラン島では、政府から原発建設の提案があったとき、チェルノーブィリ原発事故よりずっと前の時代であったにもかかわらず政府の提案に疑問を感じ、住民たちで学習と検討をかさね、「原発ではなく風力発電を」という提案にたどりつき、政府を説得して実際にそれを実現させた。この事例の市民は、従来の市民とは異なる（もちろん近代初期の市民とも異なる）「新しい型の市民」だと考えられる。

じつは、このような新しい型の市民による運動は、現在ではヨーロッパ各国で展開されている原発廃炉にむけての市民運動のほかに、徹底した環境保護やレジ袋廃止など消費の削減をめざす多彩な運動や、スローフード、スローライフの運動にも見られるし、多様な価値観が同居するアメリカにも LOHAS (Lifestyles of Health and Sustainability) の運動などの形で生まれてきている。原発事故後の日本でも、「電力消費を減らしてでも原発にたよらない社会を」という考え方が世論としては圧倒的な大きさになっている。

新しい型の市民は、「**市民たち自身が考え、市民たち自身で行動し、市民たち自身が責任をとる**」ような人たちである。それは、「自分で判断し、自分で行動し、自分で責任をとる」という近代初期の市民（のちに一部が成功してブルジョアにのぼりつめていった市民）の消滅したあと、とりのこされた人たち（のちの現代中流市民）の自己否定（初期市民の否定の否定）の結果として登場する市民である。新しい型

の市民は、近代初期の市民を「**第1世代の市民**」、現代の中流市民を「**第2世代の市民**」と呼ぶとすれば、「**第3世代の市民**」と呼んでよいものである。

では、そのような新しい型の市民は、どのようにして生まれるのか？

それは、自由な市民が、資本主義のもたらす諸問題にたびたび翻弄される経験をつみかさねるとともに、それに立ちむかう運動にも長い経験をつみかさねるなかで、きたえあげられることによって生まれるものである。環境保護運動、消費削減運動、投機規制運動、反戦運動、原発廃止運動など、現代の多彩な市民運動は、そういう運動の事例である。[6]

そういう「**新しい型の市民による運動**」が育っていれば、資本主義的循環がとどこおり、社会秩序が混乱に瀕したとき、中流市民層は、展望の欠如した運動（**第1類型の運動**）とも、歴史反動的運動（**第2類型の運動**）とも異なる、社会変革運動（**第3類型の運動**）にむかって前進するに違いない。資本主義の体制転換は、たんなる破壊活動だけで実現されるものではなく、市民たち自身の知識と運動経験の蓄積の結果として実現されるものである。社会主義は、そのとき、歴史上はじめて現実性をおびてくるものである。

5　むすびにかえて──ボリシェヴィズムはなぜ失敗したか？

以上をふまえれば、ボリシェヴィズムの思想、運動、体制（ソ連型社会主義）が、なぜ失敗したか、その理由はすでに明白であろう。究極の原因は、資本主義がその過程で産みだすような変革の主体になりうる分厚い市民層がほとんど存在しなかったし、育成もできなかった

からである。ソ連のかかえていた数々の間違いも、じつは、そこからが生まれていた。

　第1に、資本主義の経験がわずかしかないから、その批判として生まれてきた社会主義の意味についても民衆は十分に理解していなかった。もちろん研究者など一部には資本主義についての知識や情報をもっている人も存在していたかもしれないが、問題は、広範な大衆のレベルでそれがなされていなかった点である。市場や資本の支配のもとで、いやというほど個々人の善意が傷つけられる経験をへて、市民が市場や資本の支配の廃止を強く望むようになっていなければ社会主義など実現は不可能だったはずなのだが、ボリシェヴィズムのもとでは、そういう道は用意されなかった。

　第2に、自立した自由な市民がほとんど形成されていなかったところで、政治または党だけが優先され（長期一党独裁）、その文脈のなかで、社会化と国有化の混同（国有化をもって社会化をはたしたと考える）がおこなわれ、指令経済を社会化された経済と見なしてしまうなどの数多くの誤りをおかし、その結果、個々人の発展も社会全体としての発展もすべてが停滞してしまった。

　第3に、歴史の過程では、なされるべき課題（ここでは変革の主体の形成＝第3世代の市民の形成）がなされなければ、つぎの段階にはすすまない、すなわち歴史は飛びこしをゆるさないものであるにもかかわらず、ソ連の党、政府ばかりか、大半の民衆までもが、自分たちの体制を、かなりの長期にわたって、資本主義を超克した社会主義の体制だと思いこんでいた。そこでは、ボリシェヴィズムはドグマとなり、ドグマの批判者は粛清の対象にまでなっていた。こうして、歴史は停止していたのである。

　間違いは、まだまだあるだろう。ともあれ、ボリシェヴィズムの失

敗、その結果としてのソ連の崩壊は、こうして見ると、あまりに必然のことであった。ソ連崩壊後20年を経過した現時点は、あたかも、資本主義も大きな問題をかかえこんでいる時期でもある。あらためて社会主義について、まったく基礎からの再考がもとめられているというべきだろう。

── 注
（1）本稿は、紙幅の都合上、序説の形をとって、要点のみを書きならべた。多少ともたちいった議論については、私の姉妹論文としての「アメリカ建国の理念に立ちかえろうとする中流市民たち」（財団法人政治経済研究所『政経研究』第96号、2011年6月）、「アメリカ建国の理念に見る市民の共同社会を再考する」（季報唯物論研究刊行会『唯物論研究』第118号、2012年2月）、「中流市民層と社会変革 ── ソ連崩壊20年のいま考える」（ソ連邦崩壊20年シンポジウム『歴史の教訓と社会主義』、ロゴス、2012年5月）、「究極の市民運動としての全般的消費削減運動 ── ごく普通の人びとの力が資本主義的経済循環をのりこえる」（『Plan B』第37号、2012年3月）、"The Worldwide Consumption Reduction Policy as the Distinguished Comprehensive Strategy against the Contemporary Economic and Political Problems"（大妻女子大学紀要『社会情報研究』第18号、2009年）、"On the So-called 'Middle-Class Citizens' as the Power of Changing Capitalist System"（駒沢大学経済学会『経済学論集』第43巻第1、2号、2012年1月）、などを参照されたい。
（2）近代における革命ないし革命運動は、いずれも社会のどん底に位置する人たちからはじまったものではなかった。それは、フランス革命を最初の段階で先導したミラボーやラファイエット、ロシアの初期革命運動をまきおこしたデカブリスト、革命とはいえなかったとはいえ明治維新をリードした薩長土肥の下級武士などの例に見るとおり、支配体制内部の下層に位置する人たちがおこしたものだった。現代に革命が現実のものとなるとすれ

ば、それも社会のどん底の貧困層からではなく、資本主義体制の支援者であり受益者でありながら、そのほかならぬ資本主義体制から「裏切られた」とか「見捨てられた」と感じた人たちの一角からおこるものだと考えるのが自然だろう。現代の中流市民層が現代資本主義の商品市場、労働市場、金融市場などを現実に担い、それらに習熟しているのだから、その社会を根底から変革するような革命をおこしたり指導したりすることができるのも、かれらだと考えるのが自然であろう。

（3）現代保守主義の代表的思想たる新自由主義への批判は、良識ある言論人の発言だけにとどまらず、研究者たちの学会報告でもじつに多く展開されている。それは日本国内にとどまらず、たとえば世界政治経済学会のような国際的な学会の毎年の大会でさえも同様である。しかし、新自由主義が幾多の批判と反感をかいながらも一向に衰微しないことにかんする説得的な説明となると、ほとんど聞かれることはない。なぜそうなるか？　新自由主義の威力の源泉を資本の運動だけにしか見てないいからである。

　新自由主義の震源地、アメリカで、新自由主義に根強い支持がある理由には、歴史的、経済的、政治的に深いわけがある。

　大恐慌のもと、1930年代のニューディール政策の結果、農業政策と労働者政策（それぞれ農業調整法と全米工業復興法およびワグナー法による対策）の結果、下層白人が中流化した経験を受けて、1960年代には黒人など下層の非白人も中流化をめざす運動を展開した。だがそれが一定の成功の兆しを見せはじめたとき、白人中流市民たちは猛反発すべくケインズ主義を放棄し新自由主義に大きく傾斜した。巨大資本の意向はどうであれ、かれらにとってのこの方向転換は、新自由主義による競争激化が、自由主義も民主主義も平等思想にも抵触することなく、中流にのし上がろうとする下層を蹴落とし、自分たちの既得権益を擁護ないし回復することができるからであった。新自由主義のもとでの競争が、知識と判断力と実行力の競争であり、何よりもネットワークと社会的支援を得られるかどうかの競争である以上、競争に勝利できる者は、学歴と個々人の属する社会的環境が圧倒的に有利な白人層となるからである。

　白人中流層がアメリカの体制維持にたいしてはたしている大きな役割を

考えると、この層の市民たちの意向に反する思想も運動も政策も、当面は、まず成功の見込みはないのである。白人中流市民層の力は、それほど大きいのである。

(4) さいきん「中流崩壊」論、「下流」社会論などが数多く主張されたり出版されたりしているが、それらは、すべて、中流市民たちの「裏切られた」とか「見捨てられた」という意識の直截かつ浅薄な表現にすぎないので注意を要する。「裏切られた」とか「見捨てられた」などと感じている人たちに、下層の人たちにたいするのと同様の施策をとろうものなら、問題はいっそう複雑化するだけである。「武士は食わねど高楊枝」のたとえがあるように、かれらは、たとえ「裏切られた」とか「見捨てられた」と感じていても、ひとたび勝ちとった中流としての地位を容易に放棄するような精神状態にはない。かれらは、意識としては（あるいは無意識でも）中流なのであり、下層に範疇分けされることにはきびしい反発を感じるのである。だから、かれらには、批判と抵抗あるのみなのである。その批判や抵抗が社会の進歩に有益かどうかは、さしあたり関心ごとではない。研究者や評論者や政治家たちは、その点を理解していないと、歴史の見通しや政策目標を甘くとらえてしまうことになる。

(5) 階級問題を民族問題にすりかえる路線は、近代ではめずらしいものではなく、かつてドイツのユンカーと大資本とビスマルクは、労働運動や社会主義運動にも遭遇して窮地に追いこまれたとき、新しく中流化した新興市民層に依拠しつつ、問題を民族問題にすりかえて窮地を脱出した。また、ヴァイマール時代の大資本とヒトラーも、不安と不満を鬱積させた中流市民層にたいして、同様のことをおこなった。ファシズムにかんしては、Paxton, Robert, *The Anatomy of Fascism,* Alfred A. Knoff, Publisher, New York, 2004（瀬戸岡紘訳『ファシズムの解剖学』、桜井書店、2008年）、参照。

(6) そのために、さしあたり、考えられる最良の方針は、世界規模での全般的消費削減運動を展開してみることにあると私は考える。なぜなら、それは、数多くの有効性をもっているからである。まず、自然、文化、人間それ自体をまもるうえで有効である。それは、個人間、地域間、国家間で拡大し

てしまった格差を縮小していく上でも有効であるばかりでなく、発展途上諸国が追いつかなければならない到達目標を押し下げてくれるうえでも有効だと考えられる。この運動は、基本的に広範な大衆運動として実践されるものである以上、だれもが、いつでも、地球上のどこでも、開始することも、参加することも、推進することもできるという、大衆運動としては最高度の利点をもっている。しかも、この運動が多くの人の参加を得ることができるなら、たとえ個々人の毎日の消費削減努力がごく小さいものであっても、また政府の支援がほとんど期待できないようなばあいでさえも、十分大きな効果を期待することができる。

　そればかりではない。世界規模での全般的消費削減運動は、消費削減が必然的に生みだすであろう過剰資金の投機への流用をくいとめるべく、金融機関にたいする包括的な規制と統制をもとめる運動をともなわないではいられなくなるという性格をもっている。すなわち、現在の世界的な緊急課題と不可避的に連結しないではいられないのである。しかも、一般市民の消費削減の結果落ちこむであろう生産が軍需の拡大にむけられないように、幅広い反軍拡・反戦争の運動とつながらないではいられないという性格ももっている。そのことは、古来、人類が長年にわたって課題としてきた平和運動とも不可避的に連結しないではいられないということでもある。消費削減運動は、身近な消費削減からはじまって、しだいに大きな包括的大衆運動に発展していく可能性をもっているのである。

　そして何より、世界規模での全般的消費削減運動には、資源や環境などにかんする現在の地球的問題の解決にむけての運動であるばかりでなく、市民一人ひとりが、きたるべき社会の実質的な参加者に成長していくことを学ぶ、いわば「学校」としての意義もかくされており、本稿でいう第3世代の市民を大量に養成していく道でもある。「たかが消費削減」といってないがしろにできない運動──それが世界規模での全般的消費削減運動である。さらにくわしくは、前掲拙稿「究極の市民運動としての全般的消費削減運動」を参照されたい。

（2012年2月）

# 第 2 部　中国の経験を振り返る

第２部　中国の経験を振り返る

第４章　毛沢東、文化革命と文化の次元

大　西　　広

1　はじめに

　私は幼い頃から両親に中国のことをよく聞かされていて、それには両親が1953年まで中国東北部に住んでいたということがあった。母は戦前からハルピンの看護婦として働いていたために1945年以降も看護婦として中国共産党軍＝「八路軍」に接することとなったが、最初に八路軍を見た時はショックだったという。八路軍がやってきた直後、病院には多くの患者が押しかけたが、軍幹部は患者の列に横入りすることなく最後列にきちんと並んでおとなしく治療を受ける。そして、一週間後に再度きちんと並んでやってきた際には、治療で使ってもらった包帯を綺麗に洗い、丁寧にお礼を述べて帰っていったという。それを見て、病院の皆は「あれが話しに聞く八路軍か」と感動したという。
　また、父親がある時に話した言葉も忘れられない。父親は日本に帰国後日本共産党に入党して党員として活動することとなるが、その幹部が偉そうに命令することに非常に驚いたという。なぜなら、中国では党幹部はいつも定期的に大衆集会の前に出さされ、お前はあの時にこうした、こう言ったと追及を受ける存在であったのが、日本ではそれがない。中国共産党は日本共産党と違って、党は「民主的」であって、党指導部が官僚化することのないような仕組みがちゃんと存在したのである。

実際、このような話は私の両親に限らない。当時の中国共産党をよく知る日本人がほぼ全員口を揃えて述べることで、特に戦犯として収容されていた人にはもっと強い印象を与えている。戦犯には戦犯となるだけの犯罪歴があるものの、中国共産党はその犯罪性を教えることはしても全員を恩赦した。有名な撫順戦犯収容所での話である。そして、そこで恩赦された元戦犯たちはその後の日中友好運動を担うこととなるのである。
　したがって、ここでまず知っておきたいのは、当時の中国共産党が人に感動を与える普遍的価値を提起できていたことである。言うまでもなく、それは毛沢東の強力な指導によるものであった。

2　毛沢東と「文革」をどう評価するか

その毛沢東が「文革」で変わったのか
　しかし、ここで問題としなければならないことは、この毛沢東への評価は文化大革命を経て一挙に転換し、時にはスターリンと並び称されるような悪の代名詞のようにされてしまっていることである。しかし、それは本当であろうか。それほど簡単にこうした大人物の性格は変化するのだろうか。私は、この一般的評価は間違いで、文化大革命には当初の毛沢東と連続する側面をこそ見なければならないと考えている。
　というのはこういうことである。
　まず第一に、先に述べた大衆集会での幹部不正の追及という「運動」の形式こそが文化大革命の「造反」に引き継がれたのであって、これは権力者の弾圧ではなく、権力者に対する民衆の闘争であったことを理解しなければならない。民衆がたとえソフィスティケートされてい

ない形をとっていたとはいえ、そして多分に「毛一派」に煽られていたとはいえ、権力に媚びず、権力と独立に思考するという試みを行なった。このことを忘れてはならない。

また第二に、輝いていた時期にたとえば国民党を「愛国派」と「売国派」に区別し、地主を「大地主」とそれ以外に区別し、日本を「軍国主義者」と「人民」に区別した方法論の延長で、毛沢東の「人民内部の矛盾」論→「1が分かれて2となる」との弁証法解釈が理解できるということである。この意味で、私は1949年までの毛沢東とその後の毛沢東をまったく異なる人物として論じることはできないと考えている。その趣旨は上で述べたように文革にも人々を熱狂させる、ある崇高な価値が含まれていたというところにある。

なお、文革期については、以上のような政治・文化的な側面での評価ではなく、経済面でどう評価するかという問題もある。そして、その点でもまた、私は「自力更生」スローガンによる農村工業の開設、都市における重工業の建設、一般的なインフラ建設といった成果を無視できないと考えている。

「権力闘争」ではなく「階級闘争」であった文化大革命

ただし、それでも、ここでもし文革には経済上の問題が絡んでいたとするなら、それが一種の経済的利害を巡る「階級闘争」であったということも説明しないわけにはいかない。世間では文革を単なる「権力闘争」としてのみ理解するあり方が一般的で、かつまたその理解が上に述べたような「非権力者による権力者への造反」という理解の否定につながっているからである。この理解は「毛沢東・四人組」という権力者と「劉少奇・鄧小平」という権力者との闘いであったと理解するものである。

実際、この点では私も、この闘争が権力を巡る闘争でもあったことは認める。逆に言うと、あらゆる階級闘争は権力闘争の局面を当然に含むのであって、これに権力闘争としての局面が含まれていたことが「階級闘争ではなかった」という証明にはならない。そして、私は以下の意味で、この闘争はふたつの「階級」の経済的利害のどちらを取るかという闘いであったと考えるのである。

　このことを映画「芙蓉鎮」のストーリーを引きながら論じると次のようになる。すなわち、この映画で不当な弾圧に遭ったとされているのは真面目な米豆腐屋の一家である。彼らはどんな「不正」もしていないが、彼らの頑張りによって不利益を受ける国有食堂の面々はその営業をやめさせたい。ので、こうした個人営業を制度的に許可するか許可しないかを巡る利害の対立が生じ、その双方を政治的に代弁する勢力も発生した。当然、その一方は紅衛兵と党幹部の一部であるが、他方には米豆腐屋に同情し、彼らを守ろうとしたこれもまた党幹部がいた。つまり、党もまた二派に分かれて闘っていたのであるが、問題はどちらも一定の勢力の経済的利益を代表していたということである。ついでに言うと、後者の「まじめな」党幹部は映画の中で米豆腐の貯めたお金を隠すのを手伝っている。映画ではそこまでになっているが、この際、米豆腐屋が彼らに金銭的な「お礼」をしたと考えるのが自然であろう。しかし、これは言い方を変えると「賄賂」であり、米豆腐屋が金銭で自分たちの代弁者を雇っていたことになる。つまり、「政治」のレベルのこの闘争も「経済」のレベルの経済利害の反映というのが事柄の本質であった。とすると、この場合、どちらの経済的利益が守られなければならなかったのだろうか。

経済制度転換の前提としての人間発達

その問いへの回答もまた、世間一般では明確である。つまり、何も悪いことをせず、ただ美味しい米豆腐を作った個人経営者に咎められることは何もない。だから、「文革派」は間違っていたというものである。しかし、本当は話はそう単純ではない。

というのはこういうことである。階級利害の対立というのは、人が良いとかまじめとか、そういうことを問うものではない。その特定の利益が守られることが全社会的な観点から望ましいかどうかというものであり、あの時代個人企業を認めることは社会的な生産性の上昇をもたらしたとは言っても、社会的な所得格差の拡大をも帰結した。このプラスとマイナスの双方がともにカウントされなければ総体としての評価は不可能で、それは、この「個人企業の合法化」を活用する人間がどれだけ形成されているか、という状況に依存するものである。つまり、そうした人間が多ければ、この制度緩和（個人営業の許可）は大きな社会的生産性の上昇をもたらそう。逆の場合は逆である。ので、結局は、社会に存在する何割程度の人々が、この新しい制度を活用できるまでに発達しているか、が判断基準となる。この意味で、文革評価は当時の人間発達の状況をどう評価するかに依存して異なってくること、評価のポイントは人間発達にあることが分かるのである。

あるいは、この問題は、もっと一般的に社会にどの程度の企業家精神が育っているかという問題とも言える。なぜなら、それがあって初めて「資本主義化（ここでは鄧小平路線のこと）」が可能となったからである。私の理解では、1966年時点ではそれが早すぎ（よって文革はこの意味で正しかったことになる）、1978年には準備が完了していた（よって鄧小平のこの時点での改革開放も正しかった）ということとなる。つまり、当時の人間発達の水準を前提にすれば、毛沢東も鄧小平もそれぞれが合理的な政策判断をした、ということになるのである。

3 「文化革命」としての「文化大革命」

課題としての人間変革と「文化革命」

　しかし、こうして「人間発達の内容と程度」が社会制度転換の前提であるとの認識にたっすれば、それをさらに進めて、「社会変革のためには人間自身の変革が必要」ということにもなる。たとえば、私は大西（2010）で、封建制の発展のためには封建的人間が、資本制の発展のためには資本主義的人間が、そして、共産主義形成のためには共産主義的人間の獲得が不可欠という問題を論じた。私の研究分野のひとつは中国の少数民族問題であるが、そうした中国奥地において知るのは、そこではまだ「資本主義的人間」が求められているということである。これから資本主義を脱しようとしている日本社会に住む人間からすれば、こうして「資本主義的人間を作る」ことを是とする言い方に違和感があるかも知れないが、これが現実である。しかし、すでに資本主義になった社会では、それにフィットした人間を作るということとともに、次の社会にふさわしい人間を準備するということもまた非常に重要な課題となり、本稿ではその問題についても論じておかないわけにはいかない。ここで問題としている毛沢東の「文化大革命」も、やはり本来は「文化の革命」であり、それは「個人経営を許可しない」という経済政策上の路線としてだけ理解するわけにはいかないからである。つまり、この「革命」の「文化革命」というレベルの評価がやはり必要となる。

「文化革命」の対象は何だったか

　とすると、この「文化大革命」における「文化革命」とは何であっ

たのだろうか。巷では「文化大革命のおかげで文化が破壊された」と、「文化破壊」の面のみを強調する議論が多いが、実はそれは誤解である。毛沢東には毛沢東としての書体があり、これはひとつの文化である。詩人としてもすばらしく、それもまた文化である。あるいは、演劇や文学にしても映画にしても彫刻や絵画などにしても、「文革様式」というものがあり、これは独自の「文化」を形成したことを意味している。「いかなる文化も大事」という文化人はぜひこの「文革様式」も同様に大事にされたい。文革はそれ自身ひとつの文化であったのである。

　しかし、といっても、もちろん、文革は「革命」であるから、自身とは異なる別の文化への厳しい批判者でもあり、そのターゲットとされたのは、言うまでもなくまず「資本主義文化」であった。集団ではなく個人を優先し、平等を疎んじ、現世的物質的利益にのみ関心を向ける人生観や思想はそれと見做され、それを体現したと見做される文学や演芸、芸術は攻撃の対象とされた。これは上に見た経済政策上の立場からすれば当然の帰結であり、理解されることである。

　もちろん、「封建文化」も否定の対象とされ、ある意味ではその方が目立っている。というのは、孔子廟の破壊などの形で孔子への攻撃が目立ち、実際、毛沢東自身は大いに嫌っていた。毛沢東は母を大事にしなかった父を嫌い、汗して働く農民・労働者を見下す「文人」たちを許すことができなかった。そして、その代表が孔子＝儒教の男尊女卑、文人主義であると毛沢東は考えたのである。この点は実は中国の近代化に努力した洋務運動以来の改革派、革命派の全員に一致することなので毛沢東の独自性ではないが、毛沢東の独自性はこの儒教思想と資本主義文化との連続性の認識にある。つまり、「資本主義文化」を否定するために「封建文化」や保守主義への回帰に向かうのではな

く、また「封建文化」に対するに「資本主義文化」の賛美に終わるのでもなく、その両方を同じものとして批判の対象としたのである。

儒教の保身主義

　というのはこういうことである。毛沢東の「文人嫌い」は『毛沢東語録』の中の「反対自由主義」という文章で、「君子危うきに近寄らず」との保身術（明哲保身）、「面従後言」の保身術、「公而忘私」の派閥心、組織からは利益を求めるだけの個人主義、事なかれ主義などへの批判という形で示されているが、これらがすべて「資本主義」に相通ずる「自由主義」の表れと一括されているのである。つまり、これら「資本主義的」な悪弊は儒教の「文人主義」と通じているとの認識が明確に存在したのである。

　もちろん、儒教の本質を本来の意味の「自由主義」ということはできない。「自由主義」の経済システム版であるところの「自由競争」は封建制時には制約され、それが封建的で安定的な徒弟制的人間関係にとっては不可欠であった。この意味で毛沢東が「自由主義」という言葉で封建思想と資本主義思想とを一括したことには問題がある。しかし、毛沢東のその批判の中心が「保身主義」であったということからすれば、たしかにその接点は大きい。

　たとえば、「文人主義」の現実を振り返ってみればわかる。中国では古来より「文人」を政治顧問として君主が重用してきたが、それが隋代に科挙として制度化されて以来、儒教テキストの暗記能力試験でしかないもののために長年受験勉強に専念できる富裕層のみの特権に転化した。あるいは、そうした「投資」をして官僚になった者は、それこそめでたく官僚になれて以降はその「投資回収」に勤しまねばならず、その結果、政治腐敗が一般化することとなる。簡単に言うと、

「学問」は「出世」の手段となり、それを収める者は自己利益のみを追求することとなる。これが現実であった。中国人留学生を見ていても、その多くは学問を本当にしたくて来ているのだろうかと疑問に思うことが多い。「私は偉くなりたいので京都大学に入学させてください」と言ってくる留学生が多く辟易する。儒教がおおっぴろげに批判されなくなった現代中国の帰結である。[3]

繰り返しになるが、このことだけをもって儒教を特徴づけることはできず、たとえば、「徳治主義」、仁徳の重視などもある。しかし、こうした「仁徳」の重視も、「文人主義」と表裏一体であり、まさに孔子もまたその代表者であった。彼らの言うことを政治家はよく聞き、「徳」あるために文を読み……との議論は農民たちを本当の生産者として尊敬する道ではなく、「分をわきまえて……」との議論も結局は「文人」が目指す官僚層の地位を守る議論でしかない。春秋戦国期の儒家が「平和の回復のため」と称して「周王朝の再生」を主張したのも、特権層の過去の特権回復要求以外の何物でもなかったのである。

毛沢東と鄧小平

したがって、毛沢東は、こうした保身主義として儒教にも資本主義文化にも激しく攻撃を加え、その克服を意図して文化大革命を発動したにしても、その試みは失敗に終わってしまっている。厳密な意味では、その思想運動に国民のマジョリティーが参加し、その経験ある人々の心性には何らかの残存物を識別することができる。これは我々が中国で多くの人々と接する中で、年配層から時に受ける実感である。

しかし、少なくとも文化大革命は経済政策として失敗し、かつ経済の改善は至上命令であったから、この路線は放棄されて鄧小平改革へとステップが移る。これはどう見てもやむなきことであり、鄧小平は

「白猫黒猫論」で、いわば人間の変革の問題一般を放棄したと理解しなければならない。自己利益追求の人間のあり方を変革しようとしてもそれは不可能であり、そうではなく、そうした人間を前提に、それを使って経済の発展を勝ち取る方向に転換しなければならない。それが1978年の改革開放への転換のポイントであったから、あの世の毛沢東はおそらく大いにがっかりしたものと思われる。毛沢東からすると、この新中国の建国のためにどれだけ多くの人々が命をかけて戦い、死んでいったか。そのような人格によってやっと作られた社会の結果がこのようなものかと嘆いたはずである。

鄧小平改革は上記の意味で必然であり、必ずなされなければならなかったというのは今や国民的合意である。しかし、皆が命がけでつくった新社会に保身主義が満ちているのであれば、共産主義とは何か、社会主義とは何かということにもなる。これは実は、毛沢東だけにつきつけられた問いではなく、我々に突き付けられた問いでもある。

共産主義の問題、社会主義の問題はすぐれて思想の問題であるから、この問題を放棄したかに見える鄧小平は「思想家」とは言いがたい。彼はその意味で、すぐれた実践家ではあっても、思想家ではなかった。中国では、マルクス・レーニン主義、毛沢東思想、鄧小平理論と区別し、「鄧小平思想」と言わないのはこうして意味があることである。

4 「文化」の次元を論じることの重要性

「利益追求」の人間を批判できない唯物論

我々は単なる理想主義者であるわけにはいかない。「人間とはこうあるべき」と言うのは良いが、そうなれないものを主張しても仕方がない。ので、問題は、もっと一般的に人間とは何か、社会科学は人間

第2部　中国の経験を振り返る

のあり方をどう考えるべきかが問われなければならない。そして、その「社会科学」を「史的唯物論」とする限りは、次のようなことを考えざるをえなくなると思われる。

　というのは、ここで毛沢東が批判をした自己利益追求型の人間は「唯物論」としては肯定せざるをえない。「人間は正義のために生きるのではなく、利益のために生きる。正義はその利益の正当化のために作られたイデオロギーである」と史的唯物論は考えるからである。たとえば、資本家には資本家の正義があり、たとえば生産手段の所有者はそれを使って獲得された収入から賃金を除いた部分を取得する権利がある、との主張はその利益の正当化のために形成されたイデオロギーである。あるいは、これほど直接的でなくとも、自由競争は正しい、との主張も実際はコスト切り下げ競争を通じて労働者の賃下げ圧力を招くから多くの場合資本家利益擁護のイデオロギーとして機能している。つまり、何が正しいか、何が正義かは階級超越的ではなく、階級毎、社会集団毎に異なり、「正義」と言われているものも実は利益にすぎない。そして、もしこのように考えるなら、「正義のために生きる」と誰かが主観的に考えていたとしても、その本質は「利益のために生きている」にすぎなくなる。史的唯物論はこのように「正義」や「イデオロギー」を相対化するのである。

　もちろん、こうはいっても、「誰の利益のために生きているのか」という問題が残り、したがって、「自己利益のため」なのか「階級利益のため」なのかが問題となる次元が存在する。そして、当然、毛沢東的には、あるいはマルクス・レーニン主義的には階級利益の優先性が主張されるであろう。この意味では先に述べた「自己利益追求型の人間は……肯定せざるをえない」とは言えず、肯定されるべきは「階級利益追求型の人間」だけであろうということになる。が、よくよく

87

考えるに「階級利益」が「自己利益」と離れてあってはならない。毛沢東的、あるいはマルクス・レーニン主義的には、「自己の利益と同じ者が多数存在することを知って階級的利益に目覚め……」となろうから、それは自己の利益と矛盾するものであってはならない。よって、この意味で、広義にはこの「階級利益の追求」と「自己利益の追求」は同じものでなければならないのである。

　したがって、「利益追求型」の人間のあり方はそう簡単に批判できるものではない。人間とは本来そのようなものであって、「これは利益追求ではない、何々のためだ……」と言ってみても、その「正義」にも実は利益が隠されている、と唯物論は理解するからである。とすると、毛沢東の人間への拘り、文化革命への拘りは根本的に間違ったものだったのだろうか。

人間社会における「文化」の次元

　私はしかし、そうではない、と答えたいと考えている。この気持ちには多分に理想主義的なところもあるが、上記の史的唯物論も、よくよく考えると、以下のような社会認識を含んでいると考えられるからである。

　というのはこういうことである。史的唯物論は上記のように各種の「正義（justice）」も実は利益を「正当化（justify）」するものにすぎないと主張するが、しかし、「利益のために正義で正当化する」ということは、正当化して初めて利益を実現できる、ということ。逆に言うと、人間社会ではこうした「正当化」というプロセスが非常に重要なものとなっていることを示している。つまり、人間社会では、「これは私の利益である」と主張するだけではその利益にあずかれず、その過程でひとつ「なぜこの利益を得る権利があるか」を主張するという

過程が必要となっていて、私はこうした過程こそが「文化」であると思うのである。

　実際、「これは私の利益である」と主張することだけしかしない人間を我々は「野蛮な人間」ないし「粗野な人間」と感じる。そして、この対極にある人間を「文化的な人間」と感じる。これは、人類だけが有する特徴であり、かつまた人類はこの特徴を長い歴史で積み重ね、より厚みのあるものに育て上げてきた。この意味で、「文化的であること」は人間社会がそこまで発達したことを示している。

　したがって、我々が個人の、あるいは階級の利益を実現しようとする時、ただ「これは我々の利益である」と述べるだけではならない。「正義」のレベル、イデオロギーのレベル、つまり「文化」のレベルにおいてもその「正当性」を主張する「イデオロギー闘争」が重要なのであって、「文化革命」はこの延長にある。この意味で「政治革命」「経済革命」とともに、「文化革命」の次元の存在を浮き上がらせた毛沢東の社会主義運動上の貢献は不滅である。

しかし、早すぎた毛沢東

　しかし、それでも残念ながら述べなければならないことは、その「文化革命」は失敗し、かつその「革命のあり方」に大きな問題があったことである。これは皮肉なことに「非文化的」な「文化革命」であったということでもいうことができる。

　たとえば、「人間改造」を叫ぶことは良くとも、あのような強制で人間は改造できない。冒頭でも言及したように撫順戦犯収用所での戦犯たちの「改造」があれだけ「文化的」になされたことを知る者としては、本当に残念に思う。そして、あのスタイルを「非文化的」と思うのには、誰か実在の人物を「敵」としなければ運動を組織できない

ということでは、その社会認識が不十分と思うからである。「誰が敵か誰が友人か」を峻別する毛沢東の革命理論は、「敵」を少なくし「友人」を多くするという意味において闘いを勝利に導く決定的な要素となったが、本当に問われるべきは社会のシステム自身であった。もちろん、そのシステムで利益を受ける者、不利益を受ける者がいたから、誰が利益を受け、誰が不利益を受けるのかの認識は重要ではあるが、それが「誰が悪いのか」というレベルだけで理解されると、その「悪者」をたたきさえすれば革命運動をしているかのように誤解されるようになる。人々の理解の水準、つまり「文化」の水準が低ければやむなき運動スタイルではあるが、この延長で「悪者探し」が横行し、多くの無垢の人々を傷つけることとなった。これはどう考えても「非文化的」であった。

　しかし、このことを別に表現すると、当時はまだそのような文化水準であったということ、人々の文化的な発達水準の限界がこのような結果を招いたのだということになる。本稿前段では、「個人営業の許可」といった経済政策上のあり方の是非が人間発達の程度に依存すると述べたが、実をいうと、今述べているような意味で「文化革命」のレベルにもある一定の人々の文化水準が要求される。もっと言うと、この意味では毛沢東による「文化革命」の提起は早すぎたのではなかったかと筆者は考えるのである。いずれ必要になる「資本主義文化根絶のための文化革命」ではあっても、その発動には政治運動が必要とする以上の文化の成熟が求められる。その条件がまだ1966年には成熟していなかったのではなかろうか。

　前にも挙げた大西（2010）で筆者は、日本の労働者の労働に対する態度の成熟を賛美した。お金のために働くだけではなく、仕事自身にも誇りと喜びを感じているというもので、これは「利潤追求」のため

に企業を動かしている資本家と、現場でモノを作り消費者に対している労働者との決定的な違いである。ここでの労働者は「自己本位」ではない。ので、私はこのような長い経過を経てはじめて真の「文化革命」、すなわち人間のあり方の変革が進むのではないかと考えている。簡単に言うと、この意味では、毛沢東の「文化革命」はその意図こそ正しくとも、時期を早まり、よって「非文化的」なものとなってしまったと考えるのである。

5　むすびに代えて

　毛沢東の「文革」は「文化大革命」という固有名詞になった瞬間に様々なプロパガンダに影響され、それが「文化の革命」であったという特質が忘れ去られてしまっているように思われる。革命の対象は政治や経済のみに留まらず、文化でもあるのかどうかという問いを初めて発したのは毛沢東であり、古来の保身主義、利益追求で何でもありの現代中国を見るとこの問いには大いに共感する。もちろん、その「革命」のやり方には問題があり、それはそれで日本の労働態度などと比較した冷静な分析が必要となろうが、それでも「文化」を新社会形成の重要な要素としてこれほどまでに提起できた思想的価値を特筆しておきたい。毛沢東はこうして現在もなお、中国を評価する非常に重要な基準として生きている。

参考文献
大西広（2005）『中国はいま何を考えているか』大月書店
大西広（2010）「『能力に応じて働く』原理実現のための『共産主義的人間』の問

題について」基礎経済科学研究所『未来社会を展望する』大月書店、所収
大西広・矢野剛編（2003）『中国経済の数量分析』世界思想社
駒田信二（1985）『「論語」とその裏おもて』旺文社
宮崎市定（1990）『中国政治論集』中公文庫
日本共産党中央委員会編（1962）『毛沢東選集』第1巻
十名直喜（2008）『現代産業に生きる技』勁草書房

──注
（1）この基本思想は毛沢東選集の第一巻の最初の2行に集約されている。すなわち「誰が敵で誰が友人か。これが革命の基本問題である」。
（2）この点は、大西・矢野（2003）の序論で詳しく述べた。
（3）儒教の保身主義については、駒田信二（1985）参照。なお、大西（2005）130ページでは、この趣旨で儒教を批判する老荘もまた、別種の保身主義であることを述べた。
（4）このことは2011年1月末の基礎経済科学研究所主催の東京でのセミナーで高田好章さんに教えられた。また、日本の労働者の仕事に対する熱心さは、「モノづくり」に重点を置いた日本封建制の職人気質の良さの延長にある。これは十名（2008）から示唆を受けた。中国封建制と対照的な特質である。

（本研究は日本学術振興会「アジア・コア」事業の支援をうけた）

第2部　中国の経験を振り返る

第5章　戦後日本の中国研究
——日本現代中国学会を中心に

瀬　戸　　宏

　日本現代中国学会（略称、現中学会）は、60年以上の歴史をもつ学会である。会員数は2011年10月現在725人を数える。アジア政経学会とともに、現代中国に関する日本の二大学会とされている。[1]

　現中学会は社会主義を直接扱う学術団体ではないが、その重要な研究対象は社会主義を標榜している中華人民共和国であり、その研究内容と組織活動の分析は、日本での社会主義理論、運動の消長を考察するうえでも意義があろう。なお、私は現在この学会の責任者（理事長）の立場にあるが、本稿は現中学会外で発表する個人論文であり、現中学会の見解を代表するものではない。[2]

1　現代中国学会の創立とその背景

　日本現代中国学会は1951年5月26日に創立された。創立時の名称は現代中国学会であった。1946年に創立された中国研究所（略称、中研）が、中研の研究所機能と学会機能を分離するため、同日開催の中研第6回総会で現代中国学会創立を議決したのである。
　現中学会の創立について、同学会公式HP「日本現代中国学会の沿革と概要」は、次のように述べている。[3]
　「現中学会が創立された1951年は、中華人民共和国成立2年後です。現中学会成立の背景として、侵略戦争に加担した戦前の中国研究への

93

反省と中国革命成功－中華人民共和国成立がもたらした知的刺激があげられます。」

「日本現代中国学会の沿革と概要」は、学会HP開設（2001年）以来歴代理事長名で掲載されてきた文書である。理事長が交代する毎に、部分的な加筆修正がある。現在のものは現理事長（瀬戸宏）が修正加筆したもので、掲載に当たって副理事長、事務局長の確認を受けており、現中学会の現時点での公式見解といってよい。過去の版は保存されていないが、私の記憶では引用部分は学会HP設以来基本的に変更されていない。

この文章は一般的な学会概要の形態をとっているためあまり注意されないが、丹念に読むと明確な価値判断が現れていることがわかる。

まず、戦前の中国研究は「侵略戦争に荷担した」と述べ、日中戦争は日本の侵略戦争であったことを明確に認めている。中国研究者の間では常識であるが、昨今の日本国内の思想状況をみると、これは決して常識ではないのである。

次に、中国革命の成功－中華人民共和国成立は肯定すべき歴史事件であるという認識をやんわりとだが表明している。「成功」「知的刺激」という言葉にそれが表れている。「9・11同時多発テロ成功がもたらした知的刺激」という日本語表現は、まずされることがないのを考えれば、それは明らかであろう。

では、草創期の現中学会の活動はどのような特徴があったのか。

1951年当時の日本は、第二次世界大戦の反動で、マルクス主義、社会主義への広汎な親近感が存在していた。現中学会の成立も、この社会状況と切り離せない。現中学会創立の母体となった中国研究所も、戦前からのマルクス主義者が多数参加した研究機関であり、初代幹事長は著名なマルクス主義法学者であり中研所長でもあった平野義太郎
(4)

であった。今日からみれば1979年頃までの現中学会の研究活動には、強い傾向性が伺える。それは、このような成立時の状況からもたらされたのである。

では、その傾向性とはどのようなものか。

第一に、中華人民共和国への強い親近性である。

「これまで私たちは、かつての"支那研究"への深い反省から、正しい中国研究の確立のために努力してきた。小さな問題かも知れないが、新聞雑誌が『中国』を『中共』ということに反省をうながしたり、一部の社会科の教科書が『中国人は不潔だ』とかいたり、小学校の世界地図の中国が昔のままに中華民国、首都南京とされていることにも忠告をあたえた。なぜなら歴史の現実や社会の実際を正確に見、つたえることが大切だし、こんな初歩的なことさえ実現できなかった昔の"支那研究"が、学問としての権威や科学性をもちえなかったことを反省するからである。」(5)

第二に、中国研究に対する新しい研究姿勢の提起である。これは戦前中国研究の主流であった"漢学"、"支那学"への対抗でもあった。草創期の現中学会の文書に次のような記述がある。

「なお若干誤解があるのでとくに申しのべますが、現代中国研究とは現代の中国のみを研究対象とする意味ではなく、現代的な感覚をもって中国を研究するという趣意ですから、歴史研究者や古典研究者もぜひ御協力ねがいたく、この点は、学会報にのせられる研究会の動向をごらんになってもご了解いただけるものと思います。」(6)

ここでいう「現代的感覚」とは、まず古典を含む中国文化を外国文化としてとらえ、中国語で読解することであった。今日ではもはや過去のものになりつつあるが、現中学会が成立した1950年代当時は、中国古典や中国史史料は漢文訓読で読むのが普通であった。

第三に、現中学会は1950年代から70年代にかけては重大な社会問題に対して積極的に「決議」「声明」を行い、社会に働きかけていた。(7) 1972年まで日本は中華人民共和国と国交がなく、このような活動をおこなうこと自体が、傾向性あるいは政治性を持つことを意味した。これらの社会活動の中で最大のものは、1962年から開始されたアメリカ民間財団（アジア財団、フォード財団）の資金提供受け入れに対する反対運動である。(8)

　この傾向性は、創立からある時期までは明らかに積極的意義をもっていた。現中学会が戦後日本中国研究の拠点の一つとなり得たのは、このためであった。しかし、一方では次のような否定的傾向もあったことは、今日確認しておかなければならない。

「幾人かの旅行者が、目で見、足で踏んだ中国の実態を報告してくれた。その人たちの『勇気』と『良心』にわたしたちは感謝し、敬意をささげ、そこから多くのものを学んだ。たくさんの同胞が、建設に身をもって参加した毎日のがんばりやよろこびを皮膚に刻みつけて帰ってきた。つまり、この人たちは、中国の生活の重みを、わたしたちに実感させてくれた。帰ってきた子供たちの言葉と態度は、日本の明日に切実な願いをいだけばいだくほど、今日ただいまの社会状態に疑いをもったたくさんの親と教師たちに、目のさめるような感動をあたえた。中国で今日おこっていることがらを、日本の将来にかかわりをもつものとしてありのままにみつめなくてはならぬという認識が、そこから芽ばえはじめようとしている。」(9)（傍線引用者）

　ここには、「中国を、それ自体として研究対象とするのではなく、日本的状況の変革の課題に引きつけ、肯定的に解釈しようとする牽強付会的な傾向」(10)に陥る姿勢がすでに現れている。現中学会刊行物上の次の文章は、その端的な表れであろう。

「指摘すべき点は、以上の過程に理論的に体系づけられつつある社会主義建設の理論が、たんに中国に適用されるばかりでなく、第二次大戦後のアジアの植民地・半植民地・従属国における、今後に予想される社会主義建設の理論として、すなわちマルクス・レーニン・スターリンの理論のアジアの具体的・歴史的条件にもとづいての発展として形成されつつあることである。(11)」

2　現中学会初期組織活動の実際

　発足当初の組織目標について、創立時の文書は次のように述べている。

　「ここに新しく発足した学会は近き将来さらに『現代アジア学会』にまで発展する展望をもつものである。(12)」
「既成の学会の概念にとらわれることなく、年令研究経歴をこえて、中国・アジアに切実な関心をよせる人々のために、本学会は開放されております。(13)」
　すなわち、発足当初の現中学会は研究対象を中国以外にまで広げる展望を持ち、会員も研究者以外の者まで含めようとしたのである。「既成の学会」が大学教員を主要な構成員とした学術団体として存在していた時、現中学会は学術団体としての性格は保ちつつそれを超える運動体的性格をもった団体を目指していたといえる。
　初期現中学会の活動経過をたどると、第3回大会（1953年）前後が活動の一つのピークであったことがわかる。第3回大会は大阪市立大学で開催され、初めての地方開催大会であった。翌年の第4回大会も愛知大学開催で、連続して東京以外の地区で大会を開催している。
　この時期の現中学会活動の活発さを最もよく示すのは、1953年2月

より『現代中国』をほぼ隔月刊でガリ版（油印）発行していることであろう。『現代中国』は今日まで続く現中学会の機関誌であるが、創刊時の名称は『現代中国学会報』で、ニューズレター的なものであった。それを、中研から受け継いだ活版研究誌『中国研究』が恐らく経済上の事情により1952年16号で停刊した後、誌名改称して学術誌としたのである。毎号30～40頁程度だが、執筆者も多彩で毎号充実した内容といえる。これだけの内容の雑誌を隔月で油印発行するには、たいへんな労力を必要とした筈である。ガリは誰が切ったのだろうか。

　また、『新中国の経済と文化』（第3回大会報告集　法律文化社　1954年）、『新中国と過渡期の総路線』（第4回大会報告集　愛知大学国際問題研究所　1955年）と題する論文集も続けて刊行している。現中学会編の論文集は、『新中国と過渡期の総路線』刊行の後、2009年に『新中国の60年―毛沢東から胡錦濤までの連続と不連続』(14)が刊行されるまで、実に54年間刊行されることは無かったのである。

　地方組織も、1953年4月関西支部創立を皮切りに、関東支部（1954）、北海道支部（1954）、中部支部（結成日時不明）、高知支部（1955？）、西日本支部（1960）と作られていった。

　初期現中学会の組織活動をみると、そこに現れた特徴は、純然たる民間団体であり公的補助は皆無に近く、常に財政、組織的困難が伴ったということである。初期の『現代中国』（1号～29号）は上述のように油印であった。それ以後も、短期の活版化が挫折した後、粗悪なタイプ印刷の時期が続いた。財政難から『現代中国』など刊行物がまったく発行できなかった年も、60年の歴史の中で三年（1957、1973、1977）ある。

　今日私たちが学ばなければならないのは、劣悪な財政事情にもかかわらず現代中国研究に打ち込み現中学会を維持してきた先人たちの現

代中国研究に対する情熱であろう。油印版『現代中国』を手にする時、特にその感を強くする。何回にもわたる財政・組織危機を乗り越えて現中学会が今日まで存続していることも、いうまでもない。

　しかしその一方で、実力以上の目標を掲げ、たちまちそれが破綻して活動が縮小するという左翼運動団体にありがちな行動様式が、当時の現中学会にもみられることも指摘しないわけにはいかない。

　実例を示そう。まず会費の額である。

　1951年（創立時）の会費は、月額100円、年額1,200円であった。これは、1951年当時の国家公務員初任給（大卒）が5,500円(15)程度であったことを考えると、非常な高額である。現在の数字18万1,200円(16)と単純比較すると、創立時の会費は今日の月額約3,300円、年額約4万円に相当するのである。大衆団体の性格を無視した会費額であるといってよい。

　さすがにこの額は無理があったのか、翌1952年に月額50円、年額600円と半額に値下げしている。それでもなお高い。この後しばらく『現代中国』などに会費についての記述はみあたらないが、1961年の記事に、会費年額400円に値上げとあるので、50年代後半のある時期に更に年額300円に値下げしたと思われる。しかも、当時の現中学会は多数の会費未納者を抱えていた。1961年国家公務員初任給（大卒）は1万2千円（男子）であるから、ようやく現在なみになったといっていい。

　もう一つの実例は、50年代『現代中国』活版化の挫折である。

　『現代中国』は1954年10月発行の30号から活版化された。同号「刊行のことば」を少し長いが引用しておこう。

　「かえりみれば、実質的には"年刊"となってしまった『中国研究』を、一歩前進させるために、あえてガリ版の『現代中国』を発刊して

からすでに二年がたとうとしている。この間、20号ほどの刊行を見、そのよそおいの貧しさにもかかわらず、本来の会誌の性格をとりもどし、一応定期刊行を実現しえたために、かえって会員の拡大がもたらされた。今日は、ガリ版より活版化へと発展すべき時に来ている。（中略）

　会誌『現代中国』は、会員相互の結合と討議のために、また他学会等との提携のために、さらには民衆とも結びつき、日中交流のために、飛躍的に発展させられねばならない。われわれが、あえて活版化を急いだのも、そのためである。」[17]

　ところが、この活版化は、わずか二号で挫折した。
「昨年度大会を前後して、会誌『現代中国』の活版化を断行し、二号続刊しました（31号は1955年2月刊）が、いわゆる"三号雑誌"の例にもれず、三号から発行不能の状態におちいってしまいました。

　活版化にあたって考えましたことは、1．カンパによって一、二ヶ月分の財政的基礎を作っておくこと。2．活版化によって購読者を一挙に拡大すること。3．五、六号続刊した相当数の固定会員を確保した上で、どこか有力な書店にもちこむことでした。

　しかし、実態はすべて失敗に終わりました。（中略）

　現状としましては、月々ガリ版十頁〜二十頁の月報を出していく中で、皆様のご支援を得て会費滞納の一掃に努力し、その上に立って会誌を四季刊ないし半年刊で出していくようにしたいと考えております。約十五万に及ぶ会費滞納分が入りますれば、四季刊は十分に実現できるわけです。この外、本部としましては、出版活動による基金の獲得なども考慮しております。今後とも会員の皆様の御支援、および具体的な御批判、御意見の提示を希望してやみません。」[18]

　実際には、これも実行できず、32号は1956年3月刊、33号は1958年

7月刊であった。1957年は『現代中国』を発行できていない。33号以後『現代中国』は年一回の刊行形態が現在まで続くことになる。なぜ1950年代前半の隆盛から急激に活動が落ち込んだのか、50年代後半の現中学会活動は、『現代中国』未発行などで記録が充分に残っておらず、不明な点が多い。[19]

その後の現中学会の活動をたどると、50年代前半の高潮が短期で破綻した後は、惰性に陥った側面があることは否定できない。それは、度重なるマンネリ化の声に現れている。

「現中学会はあきらかに一種のマンネリズムにおちいっている。それは、たとえば会員の増加趨勢の鈍化、とくに若手会員の相対的減少に端的にあらわれており、なおまた、会員一般においても学会全国大会にたいする期待・魅力は減退しつつある」「学会の『政治性』について。せまい政治意識はかえって学会の発展にマイナスになるのではないか。」(「総会討議資料(現代中国学会第14回総会)」 1964年)

「(大安問題の発生は)すでに十数年来ほとんど変らない幹事のマンネリズムにも起因すると思われる」(「『大安』出展拒否問題に関する関西支部幹事会の討論経過」 1968年)

「若い人たちの入会が少ない、なぜ現中学会が魅力がないのか。」「学会そのものがマンネリ化(形骸化)している。」(現代中国学会第19回全国学術大会総会討議メモ 1969年)

次に、役員には交替が少なく会員数に比して極めて多いことに気がつく。1964年度役員をみると、会員数が現在の約半分(400名足らず)にもかかわらず、評議員27名、幹事55名と、現在よりも多い。(現在は理事50名、顧問4名)。役員の総てに、果たしてその自覚があったのだろうか。

3　別の傾向-アジア政経学会

　戦後日本の現代中国研究には別の傾向もあった。それを代表するのが、現中学会に二年遅れて1953年に創立されたアジア政経学会である。アジア政経学会はアジア全体を研究対象とする学会ではあるが、その中心はやはり中国研究であった。
　アジア政経学会創立の背景については、関係者の回想がその事情をよく物語っているのでそれを引用しよう。
「衛藤（瀋吉）　民科が日本共産党に乗取られ、歴史学研究会がほとんど共産党ないしそのシンパによって占められ、それから現代中国学会が、中国研究所を中心とするマルクス主義者によって指導権が握られている。何れも政治的な姿勢が明瞭で活発な社会的活動を行っていた。それに対して、いわばもっと実証的なアジア研究者が文字通りのアカデミックな学会を作る。政治から一定の距離をおいた学問の世界を作るという、そういう趣旨で実際は始まったんだと聞いていたんですが、その通りでございましたか。
英（修道）　その通りでございます。[20]」
　アジア政経学会は「政治から一定の距離をおいた」と述べているが、実際には日本・外務省と密接な関係を持っていた。アジア政経学会主要メンバーと外務官僚との研究会が定期的にもたれたほか、財政援助も受けていた。
「松本（三郎）　財政の方で申し上げますと、この学会の特徴として挙げるべきは、外務省の中国課からの助成、援助が非常に大きな部分を占めているということです。……多いときは学会の年間予算の六五％ぐらいが中国課から出ていた。……会員が比較的少ない、三百人、

四百人の時代でも、低い学会費の割には学会誌を年に四度も出して、充実した研究体制を組めた背景には、この外務省の助成が非常に貢献していたと思います。」[21]

現中学会とアジア政経学会は、ある一定の時期まで戦後日本の現代中国研究の二つの側面を代表していたということが言えよう。この対立する二側面について、加々美光行は次のように整理している。

「かつて、戦後日本の外交政策や安全保障政策に近い目的論をもって中国研究を推進していた研究者と、その反対に、日本の外交安保政策が対米追随的であるがために、中国との『戦争状態』が継続していると考え、これを批判する目的論から研究を遂行していた研究者の間に、『親中』『反中』と称する排他性の強い立場の対立が存在した。中国研究に関する二大学会、アジア政経学会と現代中国学会の違いなどは、その事例の一つといえた。」[22]

アジア政経学会機関誌『アジア研究』バックナンバーや全国大会一覧などをみると、特に初期の研究姿勢の違いは鮮明である。たとえば、『アジア研究』三巻一号（1956年10月）は「中共特集」を組んでいる。巻頭論文の植田捷雄「アメリカと中共－特に台湾問題をめぐって」を読むと「英国は、中共との貿易関係を維持し……香港の政治的地位を保持し、ビルマやインドの政策と調整するため、中共を承認したといわれる」などの表現があり、明らかに中共を中国共産党ではなく中華人民共和国の意味で使っている。植田捷雄は、当時のアジア政経学会代表理事（現在の理事長）である。社会主義という語句が大会共通論題には皆無であり、論文、発表タイトルにも極めて少ないことも指摘できる。

ただし、現中学会とアジア政経学会はまったく断絶していたのではない。アジア政経学会創立にあたって、『現代中国』には次のような

紹介記事がある。⁽²³⁾

「この学会は、趣意書に『独り中国のみならず、広く韓国、インドその他南方諸地域におけるアジア問題の解明が、日本にとって極めて重要であることは、何人も疑えぬ常識である』と書いてあるように、(朝鮮をあえて韓国と書いている) なお問題を多くのこし、こんごの発展については、すべての中国研究者の注目を必要とするのであるが、この学会の成立によって中国の正しい理解、研究水準向上が期待されるのであるから、本学会としても、友好的に、連絡をとりたいと考えている。」(『現代中国』第22号　＊韓国の傍線は、原文では圏点)

「友好的に、連絡をとりたい」という言葉の通り、たとえば、アジア政経学会の中心的人物である石川忠雄は、1955年から69年まで現中学会幹事（現在の理事）に選ばれ続けている。また、アジア政経学会会員名簿には安藤彦太郎、幼方直吉、儀我壮一郎ら現中学会の中心的人物の名前もあり、何人かは『アジア研究』に寄稿してもいる。⁽²⁴⁾

4　文化大革命の影響

1966年から始まった文化大革命は、日本の現代中国研究にも大きな影響を与えた。文革は、中華人民共和国建国後の歴史の帰結であると同時に、表面的にはそれに対する否定の要素もあった。

文革の影響は、激しく複雑なものであった。中華人民共和国に対する親近性は、マルクス主義、社会主義に対する親近性でもあった。戦後日本の一般的傾向として、日本国内でマルクス主義、社会主義を代表するのは日本共産党だとみなす傾向が強く、現代中国研究・交流分野での日本共産党の影響は強かった。その日本共産党は、文革直前の1966年3月に中国共産党と決裂した。決裂の直接の原因は、ソ連をど

う評価するかであった。ソ連評価は、まもなく始まる文革とも密接な関連があった。分裂の影響はただちに日本国内に波及し、現中学会と同傾向に立つ中国研究・交流団体は1966年から67年にかけて、次々に文革評価を巡って分裂した。[25]この分裂の深刻さは、それから40年以上たち、分裂をもたらした直接の原因はすでに消滅してしまったにもかかわらず、分裂したほぼすべての団体が統一を回復できていないことにも示されている。

　現中学会は、基本的には文革に好意的な立場の研究者が主流であった。それは、当時の『現代中国』の内容や役員をみれば理解できる。現中学会においても、第18回全国大会（1968年、同志社大学）での「大安（だいあん）」出店拒否問題[26]にみられるように、分裂を引き起こしかねない事件が起きた。しかし、現中学会は他の団体と異なり分裂しなかった。その主な理由として、現中学会の当時の指導者が学術研究団体としての性格を堅持し、異なった意見に対しても寛容な姿勢を取ったことがあげられよう。学会の統一を維持するために、大会共通論題に過度に政治的（というよりも党派的）なテーマを設定しようとする意見は、退けられている。[27]文革中多くの研究・交流団体が分裂する中で現中学会が統一を維持できたことは、現中学会の会員が誇りとしてよいことだと思われる。

　また、第19回大会（1969年、一橋講堂）では、文化大革命や当時の大学を巡る状況の影響を受け、中国研究や学会のあり方を巡って長時間にわたる討論が行われた。その記録の一部を引用しておこう。

　「自分の戦後の中国研究の歩みをふりかえると、中国を研究すること自体が反体制、反アメリカ占領軍的姿勢を意味した。そのなかで1951年に現代中国学会が成立した。また1962年のアジア財団・フォード財団資金問題でも、会としても反対の態度をとったし、多くの会員

が反対運動をおこなった。これは学会としては稀有のことと思う。またこの学会は大学教師ばかりでなく、大学院生や高校教師も参加しており、学会の役員になることは、他の学会とちがい特権を意味してもいない。しかしこのことは逆にこの学会が革命的という自己満足におちいったことは否めないし、また特権のない学会といっても、学会参加といえば出張旅費もでるし、主催校なら補助金も出る。だから大学体制と無関係だ、とはいいきれない面もある。」(「現代中国学会第19回全国学術大会総会討議メモ」)[28]

　現中学会で1969年当時このような討議が行われたこと、その記録が文書として残っていることは、当時の現中学会役員の知的誠実さを示すものではないだろうか。

　だが、文革の否定的影響は現中学会にも色濃く現れた。林彪事件以後の文革後期から文革終結直後にかけては現中学会の活動は停滞した。明らかに、現中学会の主流を占めていた文革に好意的な研究者たちの研究行き詰まりを示すものであった。1973年には『現代中国』が発行できず、翌1974年48・49合併号とせざるを得なかった。1978年から81年までの4年間は『現代中国』が発行できず、パンフレット的な『現代中国学会会報』で代置することで切り抜けた。学会の地方組織は、関西を除き崩壊した。分裂はしなかったものの、統一を維持した現中学会が他の組織に対して大きな影響力、権威をもった形跡も、認められない。現中学会の学術研究体制にも、明らかに質の低下がみられた[29]。

　文革期の研究活動の意味については、現中学会内でもまだ整理できていない。私は、馬場公彦の次の言葉に賛成である。

　「中国においては、文革を支持する言説の出版は公式に認められていない。……公式の歴史においては、文革の10年は歴史そのものが抹

消されて語られるという空白が生じている。

そのような中国現代史の『隠蔽』を、日本の論壇は表現の自由の侵害、言論・出版の制限として、しばしば批判や冷笑の話柄に仕立てがちである。しかしながら、日本での文革論議の内実もまた、同時代人の証言が乏しく、回顧的研究の試みも充分になされてはおらず、今にいたるもなお知らされていない。……その結果、同時代を知らない世代にとっては、論争があったという事実すら知る機会に恵まれていない。日本においても中国と同様、文革は歴史化されていないのである。」[30]

5 「普通の学会」への変化－文革終結後の状況

その後1980年代に入って、日本の現代中国研究は新たな時代に入った。中国が改革開放政策を取ったことにより日本国内で中国に対する関心は高まった。大学では1980年代以降中国語ブームが起き、中国語教員の需要が急増し、それに伴い現代中国研究をめざす研究者、大学院生も増加した。この状況を受けて、現中学会の会員も毎年増加していった。ただし、1980年代は文革期の影響をまだ克服しきれなかったのか、増加のスピードがゆるい[31]。会員が急増するのは90年代に入ってからである。90年代に入ってからの増加の原因としては、関東地区での修士論文発表会、関西地区での研究会、研究集会実施など研究活動活発化、日本在住中国人研究者の大量入会などが挙げられよう。

中国の姿勢の変化と文革期以前の研究に対する反省、新しい会員の増加などから、現中学会の研究、活動内容も変化せざるを得なかった。この変化の特徴は、次の二点に整理することができよう。

第一に、中国（正確には中共中央）の見解を基準とする研究方式が

崩壊し、問題意識、研究内容、研究方法が多様化したことである。今日では、この多様化の程度は、もはや一つの視点で整理しきれるものではない。21世紀に入ってからであるが、現中学会が54年ぶりに刊行した論文集『新中国の60年』に対して、次のような書評が出た。この論文集は、21世紀に入ってからの現中学会共通論題発表論文を基礎に編集されたものである。

　「そこにはかつてのようなイデオロギー対立が影を潜めている代わりに、異なるディシプリンの『壁』が立ちはだかり、たとえば『毛沢東時代』『鄧小平時代』という同じキーワードでくくられているにもかかわらず、相互の生産的な対話を阻んでいる、というのが正直な印象である。そのことは本書を『評価する』という行為についての絶望的なまでの困難さにそのままつながるであろう。」(32)

　第二に、現中学会が発足当初目指した「既成の学会の概念にとらわれ」ない学会、自覚的傾向性のある運動体的性格をもった学会から、大学所属研究者を中心とし学術研究に専念する「普通の学会」(「既成学会」)への変化である。

　この変化を端的に示しているのは、1982年「再び教科書問題について」を最後に、自然災害に対するもの(33)を除いて、対外的な声明類がみられなくなってしまったことである。ただし、この変化は過去の研究に対する総括などを通して積極的になされたのではなく、情況に押し流された形でなし崩し的におこなわれたものであることも指摘しておかねばならない。

　ともあれ、現中学会は文革終結後会員数は増え続け、1980年代初めに300人程度だった会員数は、冒頭で述べたように2011年には725人へと増加し、今日では中規模学会へと成長した。1992年には、国際交流増大に対応するため、日本現代中国学会と名称変更した。

今日の現中学会は、「普通の学会」としてそれなりに盛況を呈している。全国大会には毎回30本以上の報告（共通論題含む、コメントは含まない。2011年は計33本）、百数十名から二百名の参加者がある。『現代中国』も順調に刊行されている。地方組織も機能し活発に活動している。近年、大学専任教員減少などで研究者志向者も減少する中で、会員数は増加を続けている。会費初年度納入率は2011年で80％を超えている。

一方で、抱えている問題も少なくない。

まず、周囲に（過去に）政府と関係が深く「権威」があるとされる中国関係学会があったり、後発の分野別に細分化された中国関係学会・研究会が多数あったりする中で、現中学会の存在意義がぼやけていることである。某元役員は、このような現中学会の現状を「古ぼけたデパート」と評した。

また、特に東京地区で顕著であるが、役員のなり手も不足している。一般的な大学教員多忙化のほかに、学会本部・政府関係の大型学術助成が集中し有能な者ほどいくつも兼任を余儀なくされる、などの理由も考えられよう。しかし、役員のなり手のない最大の理由は、運動意識が消滅したため、無償の学会活動に意義を見いだせないことであろう。自分の意向が直接反映できるわけではない中規模学会よりも、小さな研究グループの方が自己の研究活動と直接結びつくことができるのである。

大学院生などに比して、専任職研究者の大会発表が少ないことも指摘できる。役員（理事）選挙の投票率も高くない。現中学会ではまだないが、他の学会では大会開催校の引き受け手がなく、イベント企画会社に大会運営を委託しているところもあるという。

6　現中学会の独自性は消滅したか

　文革後の現代中国研究状況を評して、次の発言がなされたことがある。

　「一九七六年に毛沢東が死んで以後、中国研究に関する限りでは日本の左右の急速な和解が進んでいるんですね。中国自身が四つの近代化を掲げて、学問をもっと多角的にやろうとしている。歴史の単純な、一面的な、一言堂的な研究ではだめだということに中国自身が気がついて変わってきている。それが日本の進歩的とか左翼といわれる学者に対して大いに影響を与えたのではないかと思うんですが、いわゆる『非政治的』な研究を評価してくれるように変わってきました。」[34]

　この変化は、1991年のソ連崩壊と翌年の中国での社会主義市場経済実行により、加速された。1992年以前は、文革後であっても現中学会全国大会の共通論題には社会主義に関連するテーマが取り上げられることが多かった。たとえば、「社会主義的民主主義と現代化－中国型社会主義とは何か」（第31回大会、1981年中央大学）、「社会主義初期段階論と現代中国」（第38回大会、1988年創価大学）、「中国・アジア社会主義の現在－伝統・近代化・国際関連」（第40回大会、1990年大阪経済大学）などである。しかし1992年東海大学で開催された第42回大会「改革開放の新段階と中国社会主義の行方」を最後に、共通論題に社会主義という言葉は現れなくなった。明らかに、前年のソ連崩壊が日本社会にもたらした影響の反映であろう。私は2005年現中学会ニューズレター14号に、「現中学会で社会主義を考えるのがほとんど不可能である」と記した。

　文革終結以後、現中学会とアジア政経学会の差異はもはや消滅した

とみなす声が多い[35]。実際に、会員だけではなく役員にも現中学会とアジア政経学会との間には重複も多い。

両学会差違消滅は、政治、経済分野などでは正しいかもしれない。しかし、あまり注意されないが、現中学会とアジア政経学会には、今日でも非常に大きな違いが存在している。それは、現中学会は文学芸術研究を含むが、アジア政経学会はそうではない、ということである。

この理由は、現中学会とアジア政経学会の成立の違いから説明することができる。加々美光行は、アジア政経学会の基本的な方法論である地域研究の内容を次のように整理している。

「日本の学界では、発展途上国外国研究を、一般に『外国研究』と呼ばず、『地域研究』(Regional Studies) と呼称している。……戦後日本の1950年代以後に、『アジア政経学会』(1953年創立) や『アジア経済研究所』(1958年創立) が『地域研究』に最初に着手した際には、その研究対象はA.A.LA地域とソ連・東欧研究に限定され、欧米地域は含まれなかった。そこに、当初、自ずと東洋・西洋の区分意識、つまり、一定の『オリエンタリズム』が働いていたことは想像に難くない。」[36]

今日のアジア政経学会が加々美の言う通りかは別の問題であるが、創立時からかなりの期間は、この指摘があてはまった。文学芸術研究は、政治・経済など社会科学分野と異なり、対象に対する尊敬、共感、感情移入が基礎になる。対象（中国）を発展途上国、すなわち日本よりも遅れた存在とみなす立場からは、対象国の文字芸術を価値あるものとみなそうとする意欲は生じないのである。

これに対して、現中学会は中国を日本よりも先に革命をおこない社会主義を実現した国として尊敬の念をもって対してきた。現中学会の多くの会員にとって、中国は欧米とは別の意味での先進国であった。

少なくとも中国人の精神形態は学ぶに値するものであった。だから、中国人の精神の内奥の表現である文学芸術を積極的に研究しようという欲求が生じたのである。現中学会は、その創立当初から研究対象に文学芸術を含んでいた。(37)

残念ながら、現中学会が文学研究を含んでいる意義は、文学研究者を含めてあまり理解されているとは言えない。しかし、中国人の精神に関心を示さない現代中国研究に、私はある種の脆さを感じる。文学研究を含む現中学会の存在は、日本の現代中国研究にとってやはり大きな意味を持っているのではあるまいか。

＊本稿は、2010年12月11日「人間発達の経済学日中会議」（基礎経済科学研究所・南京師範大学主催、京都大学経済学部）での報告「戦後日本における現代中国研究－日本現代中国学会を中心に」、2011年5月20日京都大学人文科学研究所共同研究班「現代中国文化の深層構造」での報告「現代日本の現代中国研究と現代中国学会」を基礎に執筆したものである。

──注
（1）加々美光行『鏡の中の日本と中国』（日本評論社　2007）、平野健一郎ほか編『インタビュー戦後日本の中国研究』（平凡社　2011）の山田辰雄の項など。
（2）私は近年日本現代中国学会編『資料・日本現代中国学会の60年』（日本現代中国学会発行　2011）を編集し、現中学会第61回学術大会（2011年10月近畿大学）での学会創立60周年記念シンポジウムを主催・記録整理し、学会史概要を執筆した（『現代中国』86号掲載、2012年9月刊行予定）が、これらは現中学会刊行物での発表であるため、理事長としての職責上自己の見解を示すことを極力避けている。
（3）http://www.genchugakkai.com/gakkaigaiyou.html（2011年11月30日閲

覧)。同文書は『資料・日本現代中国学会の60年』にも収録されている。なお、以下の注では『資料・日本現代中国学会の60年』収録文書は*で示し、タイトルなど必要事項のみ記し、出典をいちいち挙げない。
(4) 現中学会の代表者職名は、幹事長（1951〜1953）、会長（1953〜1960）、代表幹事（1960〜1991）、理事長（1991〜現在）と変更されている。
(5) *『現代中国』26号（1954年）巻頭言
(6) *年頭の辞　1953年
(7) ここで現中学会が50年代から80年代にかけておこなった「決議」「声明」類を、列挙しておこう。日米安保条約改定反対声明（1959）、日米安保条約抗議、日中国交回復促進声明（1960）、フォード・アジア両財団資金供与問題についての決議（1962）、米原潜の寄港に反対する声明（1964）、アジア財団資金による中国研究援助第一期計画の終了にあたり、あらためてA・F財団の「援助計画」に反対する声明（1964）、本学会と中国学術機関との学術交流の促進拡大についての決議（1964）、日韓条約批准に反対する声明（1965）、ベトナム侵略戦争に反対する声明（1965）、教科書検定による中国・日中関係記述の歪曲に対する反対ならびに中国研究者の社会的責任についての声明（1965）、NHK中国語講座問題についての申し入れ（1971）、日中国交回復に関する決議（1971）、現行教科書の中国・アジアに関する記述について（1973）、官公庁文献の公開利用について（1973）、再び教科書問題について（1982）。これらの声明類は、『資料・日本現代中国学会の60年』に収録されている。
(8) 反対運動の記録として、中国研究者研究団体連絡会議『アジア・フォード財団資金問題に関する全中国研究者シンポジウムの記録』（1962年）がある。
(9) *正確な知識と成熟した認識のために－現代中国研究講座のよびかけ　1953年。
(10) 加々美光行『中国　政治・社会』（アジア経済研究所　1992）。
(11) 現代中国学会編『新中国の経済と文化』　法律文化社　1954　6頁　「中国経済の現段階－その諸前提の分析」。
(12) *現代中国学会の出発にさいして－中研とこの学会との関係　1951年。
(13) *現代中国学会案内　1953年。

(14) 日本現代中国学会編『新中国の六〇年－毛沢東から胡錦濤までの連続と不連続』創土社　2009年
(15) 「国家公務員の初任給の変遷」。人事院ＨＰ掲載。なお、昭和26年大学卒業程度の項には、六級職の一種類しかない。
(16) 15に同じ。この表は平成19年（2007年）までしかないが、平成19年、一種をもとに推定。
(17) *『現代中国』30号刊行のことば　1954年。
(18) *会誌についてのお願い　1955年。
(19) 野沢豊氏が第2回大会で事務局長に就任して以降『現代中国』ガリ版隔月刊（1953年2月以降）、『新中国の経済と文化』（1954年11月）など活動が活発化している。野沢豊氏は第5回大会（1955年10月）で「勤務先大学多忙」を理由に事務局長を退くがこの前後から現中学会の活動は目に見えて衰退していく。活動衰退は野沢氏事務局長退任と関係があるのか、別の理由（たとえば日本共産党六全協による左翼運動混乱の影響）があるのか、今日では分からなくなっている。
(20) 座談会「アジア政経学会の三十年」『アジア研究』第30巻3・4合併号　1983年。
(21) 座談会「最近十年の学会活動の総括と今後の展望」『アジア政経学会の四十年』1993年。
(22) 加々美光行『鏡の中の日本と中国』。
(23) *アジア政経学会生まる　1953年。
(24) ここでみたのは、『アジア研究』第3巻1号（昭和31年10月25日）収録のもの。
(25) 主要研究・交流団体分裂の経過を記しておく。
　　　1966年3月　日中共産党関係決裂、共同コミュニケ破棄
　　　．7月　毛沢東「四つの敵」論を定式化、中共、日共批判を公然化
　　　．9月　日本共産党山口県委員会（左派）結成
　　　．10月　西沢隆二ら、毛沢東思想研究会を発足、日共第七回中央委員会総会で除名。
　　　．10月26日　日中友好協会分裂、日中友好協会（正統）結成。（文革支持派

が脱退）

.12月9日 アジアアフリカ研究所から13名の反日共系所員が退所、声明発表。1967年2月10日 中国研究所、臨時総会で平野義太郎ら日共系所員9名を除名。

2月28日　善隣学生会館事件

このほか、日本ジャーナリスト会議、日本アジア・アフリカ連帯委員会、アジア・アフリカ作家会議日本協議会なども分裂。

(26) 大安京都出張所の社員が「勤務不良」で解雇され、その社員が同志社大学二部学生であったことから「混乱回避」を理由に、大会開催校の同志社大学関係者が大安書店の出店を拒否した事件。*「第一八回全国学術大会大安出店拒否問題関係文書」(1968〜1969年)、大山茂『大安社史—日中出版文化交流の一時代』(汲古書院　1998年) 参照。

(27) 「自分は幹事会で〈赤旗10-10論文〉批判をテーマとして大会を開けと提案した。これは『学会を分裂させるようなテーマを立てるな』としりぞけられた」(*現代中国学会第19回全国学術大会総会討議メモ　1969年)。

(28) *現代中国学会第19回全国学術大会総会討議メモ　1969年。

(29) 私は1981年中央大学で開催された第31回全国大会自由論題で初めて口頭発表をおこなったが、プログラムは報告タイトルと報告者氏名が並んだ紙一枚で、司会は当日になって初めて担当者が決まったことを記憶している。

(30) 馬場公彦『戦後日本人の中国像』319頁　(新曜社　2010年)。

(31) 1981年に316名だった会員数は、1989年に365名となったにすぎない。これに対して90年代は、1991年に380名だった会員数が2000年には659名へと急激に増加している。

(32) 梶谷懐「「イデオロギーの壁」から「ディシプリンの壁」へ—日本現代中国学会編『新中国の60年』」『東方』2010年2月号。

(33) *「四川大地震への支援活動を—日本現代中国学会会員の皆様に」(2008年)、「東日本大震災被災者と会員の皆様へ」(2011年)

(34) 注20の座談会「アジア政経学会の三十年」での衛藤瀋吉の発言。

(35) 平野健一郎ほか編『インタビュー戦後日本の中国研究』での岡部達味の項など。

(36) 加々美光行『鏡の中の日本と中国』110頁。
(37) 代田智明《日本与中国学有关的学会和研究会》(《世界漢学》1998年第一期)の"現代中国学会……它的領域一度曾以政治经济等等社会科学为中心、80年代以后、思想文学的研究者也加入进来、形成了一个综合性的学会。"という記述は正しくない。

第3部　社会主義の新たな可能性

第6章　マルクス疎外論の射程
―― 新たな社会主義構想のために ――

田上　孝一

はじめに

　前回の論集『グローバリゼーション時代と社会主義』での拙稿「マルクスの社会主義と現実の社会主義」で私は、「現実社会主義とは根本的に異なるオルタナティヴとしての社会主義像を、マルクスの理論に基いて提起できる」ことを指摘した。その鍵はマルクスの疎外論にあった。そこで本稿では、マルクスがその若き日々において疎外論を練り上げて行く過程をトレースし、マルクス疎外論の原像を示したい。
　先ずは原像を知ってこそ、社会主義的オルタナティヴを構想するための拠点として、マルクスの疎外論を更に鍛え上げて行くことが可能になるのではないかと考えるからである。

1　ヘーゲル哲学からの脱出

　博士論文『デモクリトスとエピクロスの自然哲学の差異』（1841年）でマルクスは、古代哲学の研究に託して人間を本質的に自由な存在として位置付け、人間の自由を損なう現実政治のあり方に対する啓蒙的な批判を遂行せんとする境地に立った。その遂行の場が「ライン新聞」であり、そこでは出版の「自由」の絶対的擁護に典型的に示されるように、自由な存在としての人間的本質からする啓蒙的な批判が、縦横

無尽に展開されたのであった。

　ところが、その批判の拠点である人間的本質という主体は、当時のマルクスにあっては、あくまでヘーゲル的な主体なのであった。

　ヘーゲルは人間の本質を精神として捉え、精神的な存在であるところに人間の尊厳を見出した。この前提を共有していたマルクスにとっても、主体であるところの人間的本質は精神であり、人間とは本質的に精神的な自己意識的存在であると見なされていた。このような見方では一方でどうしても、人間のもう一つの側面である自然的で身体的な側面を軽視しがちになる。他方で自然的な身体の軽視は、無身体的な、純粋に霊的な存在を重視する志向を持ち、宗教の特別視と結び付くことになる。

　こうしてヘーゲルの影響を受けた哲学者達が、ヘーゲルを肯定するにせよ否定するにせよ、問題の焦点を宗教に定めたのは必然的なことの成り行きであった。

　マルクスは「ライン新聞」で批評活動を続ける内に、自らの議論の枠組みであるヘーゲル主義に限界を感じるようになった。ヘーゲル主義では階級対立の現実を説明しきれないと痛感したからである。そこで「ライン新聞」後のマルクスにとっての最大の課題は、直ちにヘーゲルに代わる新たな理論的枠組みを構築することであった。そのためには焦点となる宗教と、主体としての人間の本質を問い質すことが必要なのであった。この問い質しを最も原理的かつ根源的に成し遂げたのがフォイエルバッハである。そしてこのフォイエルバッハとの対決を通してマルクスは、自らのヘーゲル主義の枠を突破することができたのである。

2　フォイエルバッハの宗教批判とマルクスによるその受容

　フォイエルバッハは『キリスト教の本質』(1841年) において繰り返し、宗教においては神が人間を創ったとされるが事実は逆で、人間が観念として神を作り出したことを説いた。この場合、神とは人間の疎外された本質であり、宗教とは人間がそれとは知らずに自分自身に跪拝することによって、自分自身を喪失させるもの、人間の自己喪失の主要契機である。そしてフォイエルバッハは、霊的な存在である神を重視することによって軽視される自然性こそがむしろ人間の本質であり、自然存在としての人間という唯物論的観点を打ち出した。

　精神的存在である神が人間を創ったのではなく、自然的存在である人間が観念としての神を作り出したという唯物論的な宗教批判である。マルクスはこうしたフォイエルバッハの宗教批判を正しいものとして受け入れた。これは後のマルクスにあっても、基本的に変わることなく維持された。

　フォイエルバッハを受け入れた当時の「ヘーゲル法哲学批判序説」は、ドイツにあっては宗教の批判は既に終わっていて、宗教の批判はあらゆる批判の前提だという宣言から始まる。これは宗教の批判に関する限りはフォイエルバッハに付け加えることはないということであり、何かを批判する際にはフォイエルバッハの宗教批判をモデルにすべきだということである。[2]この観点にマルクスは忠実であり、『資本論』もそれが経済学「批判」であるがために、やはりフォイエルバッハの宗教批判をモデルにして書かれているのである。

　このようにマルクスに強い影響を与えたフォイエルバッハであるが、

だからと言ってマルクスはフォイエルバッハを《全面的に》受け入れたわけではなかった。マルクスは既に初めから、フォイエルバッハが自然について非常に多く言及し、政治に関しては殆ど言及しないという点で正しくないというように、是々非々の批判的なスタンスでフォイエルバッハに対峙していた。晩年のエンゲルスの回想(4)を元に、若きマルクスはフォイエルバッハ主義者であり、『ドイツ・イデオロギー』(1845-46年)で初めてフォイエルバッハを批判したという解釈が、未だに広く流通しているが、実際のマルクスのフォイエルバッハ受容はそのような全面的なものではなかった。マルクスはヘーゲル主義を止めてフォイエルバッハ主義になったのではなく、フォイエルバッハに学びながらヘーゲルを乗り越え、マルクス自身になったのである。(5)

　フォイエルバッハは宗教における人間の自己疎外を見たのはいいが、宗教こそが人間的悲惨の原因であるとまで、宗教を重視した。従ってフォイエルバッハによれば、人間が宗教を克服できるまでに自己の意識のあり方を変革することこそが、悲惨な現実を変えるための方途になる。(6)しかしこれは宗教に対する過大評価である。マルクスからすれば、むしろ因果関係は逆なのだ。悲惨な現実こそが宗教的幻想の原因なのである。

　悲惨な人間というのは悲惨な生活をしている人間であり、生活の悲惨さの原因は、まさに生活の基盤である経済状態の悲惨さに由来する。経済こそが市民社会の中心領域である。そして経済のあり方が生み出す問題は、経済的にのみしか解決できない。幾ら意識を変革しても、問題を生み出す根本構造がそのままであったら、問題は根本的には解決されない。このことを明確に指し示したのが、『独仏年誌』(1844年)に掲載された、「ユダヤ人問題に寄せて」と「ヘーゲル法哲学批判序説」の二論文である。そこで次にこの二論文の主要論点のみを、簡単

に解説したい。

3　政治的解放と人間的解放の違い

　第一論文「ユダヤ人問題に寄せて」は、ブルーノ・バウアーのユダヤ人論を論評する形を取りながら、マルクス独自の人間解放論を打ち出したものである。

　バウアーはユダヤ人がユダヤ人であることから課される様々なくびきから解放されるためには、ユダヤ教信仰を捨ててユダヤ人であることを辞めなければならないと説いた。これはユダヤ人に限定される話ではなく、人間は一般に宗教信仰に囚われている限り自己解放を遂げることはできないという普遍的理論の、ユダヤ人という特殊事例への適応に過ぎない。バウアーもフォイエルバッハ同様に、宗教が現実的悲惨の原因であるという観点を共有していたと言えよう。

　マルクスはこれに対して、ユダヤ人はユダヤ教を捨てることによって政治的には解放されるかもしれないが、人間的には解放されないと批判した。というよりもむしろ、政治的解放は人間的な次元にまで深まらない限り成し遂げられることはないというように、解放が「ラディカル」（根源的）である必要があることを説いた。この際マルクスによる批判の独創性は、宗教の「発生原因」を問い質すところにあった。マルクスもまた、人間が宗教から解放されることの重要性をフォイエルバッハやバウアーと共有するが、マルクスは彼等とは異なり、宗教はそれを生み出す社会的前提が変わらない限りは、必ず形を変えて存続すると喝破した。この社会的前提を変革することによって成し遂げられるのが人間的解放であり、人間的解放なしには政治的解放もありえないというのが、マルクスの強調点なのであった。

4　宗教的疎外の原因

マルクスはフォイエルバッハを踏襲して、自らの認識を次のように総括する。

> 人間が宗教に囚われている限り、彼の本質をある疎遠な幻想的な本質としないではその本質を対象化することを知らないように、人間は利己的な諸欲求の支配下では、彼の生産物や、同じように彼の活動もある疎遠な存在の支配下に置いて、それらに疎遠な存在——貨幣——の意味を与えることによってのみ実践的に活動し、実践的に対象を作り出すことができるのである。[7]

マルクスはフォイエルバッハに倣って、人間が宗教に囚われている限り、自己の本質を疎遠な幻想的な存在にすることによってしか自己の本質を対象化し、自己を実現することができないと説く。しかしフォイエルバッハとは異なり、社会において利己的な欲求に囚われている限り、自分自身の生産物と活動そのものが疎遠になったがために重要な意味が付与されることになった貨幣の意義を拡大させるという疎外されたあり方でしか、自己実現のための活動ができないとする。

宗教によって人間が疎外されることによって人間の社会生活上の悲惨がもたらされるのではなくて、むしろ逆に宗教に現される人間の自己疎外は、貨幣を徒に増大させようとするような経済体制の中に否応なしに取り込まれることによって、日々の現実的な実践活動が疎外されていることの結果である。ここでマルクスは、フォイエルバッハを、そしてユダヤ人の政治的解放をユダヤ人によるユダヤ教の棄教という

宗教的次元に求めたバウアーの認識をも、完全に乗り越えている。「ユダヤ人問題に寄せて」のマルクスは、決して「フォイエルバッハ主義者」ではなかったのである。

　宗教における人間の自己疎外が原因となって現実的な悲惨が結果するのではなくて、徒な致富活動を原動力とすることによって人間を利己的な欲求の虜にしてしまうような現実社会の疎外が、宗教的幻想の原因である。だから問題は宗教の原因である悲惨な社会的状態を克服することであり、そうして人間を人間的に、即ち人間を全面的に解放することである。これが「ユダヤ人問題に寄せて」でのマルクスのメッセージである。

　見られるように、既にここには、現実的な経済の領域を社会の土台として、土台の変革こそが社会全体の変革につながるという、唯物史観の基本観点が萌芽的に示されている。だからマルクスは『ドイツ・イデオロギー』において、自分の考えは既に『独仏年誌』で確立していたと強調することができたのである。[8] 宗教における人間の自己疎外を告発したフォイエルバッハの宗教批判に学びつつも、疎外の真実の原因は宗教ではなく現実的な生活であるという認識を得ることによって、完全にフォイエルバッハを乗り越えたマルクス独自の境地が示されているのが、この「ユダヤ人問題に寄せて」なのである。

5　普遍的解放の主体としてのプロレタリアート

　かつてヘーゲル主義に囚われていたマルクス自身がそうであったように、人間の本質をあくまで精神的な自己意識的存在として捉える場合、解放の主要手段は意識の変革であり、解放の主体は抽象的な「自己意識」の如きものとなるだろう。また、フォイエルバッハのように

人間の本質を自然的存在と見ることによってヘーゲルを乗り越えても、なお宗教こそが現実的悲惨の原因だと宗教を過大評価する限り、解放の手段はやはり意識の変革であり、解放の主体は人間一般とその代表としての啓蒙された自己意識である知識人ということになろう。
　しかしマルクスは最早このような、意識の変革こそが社会の変革をもたらすという立場に立っていない。社会的な悲惨の原因は社会そのものであり、特に社会の土台を成す経済的領域に由来するという認識を得ることができたのである。従って解放の主体も、抽象的な自己意識や漠然とした人間一般ではなく、具体的な属性を帯びた特定の人間集団ということでなければならない。その集団が何かは「ユダヤ人問題に寄せて」ではまだ明示されていなかったが、続く「ヘーゲル法哲学批判序説」でははっきりと提言されることとなった。即ちそれはプロレタリアートであると。
　マルクスがプロレタリアートを解放の主体と見たのは、当時のマルクスなりの歴史認識による。プロレタリアートは「突然訪れた産業の運動」、いわゆる遅れてきた産業革命によって1844年当時のドイツでは「ようやく生成し始めた」に過ぎないが、マルクスはプロレタリアートが「自然発生的に生じた」のではなく「人工的に生み出された」貧困であり、「社会の急激な解体、取り分け中間身分の解体から生まれた大衆」である点に注目する。未だ萌芽的に過ぎないが、やがて急速に社会の主要な構成員になるという予感である。後のマルクスの知的歩みは、言うまでもなくこの予感を修正する必要がなかったことを示している。この点に若きマルクスの慧眼がある。
　そしてマルクスがプロレタリアートを解放の主体と見たのは、こうした歴史認識と共に、解放の目的とその手段の選択という観点にもよっている。プロレタリアートが解放の主体という歴史的使命を担うべ

きなのは、プロレタリアートがひとえに「普遍的性格」を持っているからだという。従ってプロレタリアートの求める「私的所有の否定」は単に特殊一階級の利害表現に留まるものではなく、「社会の原理」という、社会全体の利害のプロレタリアートによる代弁なのだという。こうしてプロレタリアートは社会全体の解放という普遍的解放の主体である。つまり、マルクスがプロレタリアートを解放の主体としたのは、普遍的な人間的解放の手段となりうる階級こそがプロレタリアートだったからである。[9]

あくまで普遍的解放が目的であり、プロレタリアートの運動はそのための手段である。後にマルクスは『共産党宣言』(1848年)で、「共産主義はその理論を私的所有の止揚という表現に総括することができる」[10]としたが、この場合、止揚せんとするのは所有一般ではなくブルジョア的所有であり、近代ブルジョア的私的所有とは、人間による人間の搾取によりなる「階級対立に基づく生産物の産出と獲得の最終的にして最も完成された表現」[11]なのだということを念頭に置く必要がある。その意味で、私的所有の止揚は、あくまである人間（集団）が、別の人間（集団）を搾取し抑圧するような社会構造の廃棄のための手段である。[12]こうして『共産党宣言』は共産党による他勢力の強権的支配をではなく、共産主義が普遍的解放の手段であることを訴えているのであり、「ヘーゲル法哲学批判序説」の基本観点を変えることなく継承していたのである。

ところが、こうした普遍的解放の理念は、マルクスその人は終生変わらず保持していたにも係わらず、マルクスの後継者達によって捨て去られてしまったように思われる。それが、マルクス理論の現実化と自称していた旧ソ連東欧諸国に見られた幾つもの非人間的な現実とどの程度関係があるかは定かではない。が、少なくとも旧ソ連東欧諸国

の公式イデオロギーでは、一面的に階級概念が強調され、普遍的な人間概念が軽視されていたことは間違いない。人間的ではない社会では、やはり人間を重視する理論は白眼視されるのであろうか。

6　労働の本格的分析へ

　『独仏年誌』でマルクスは、精神的存在である神が人間を創ったのではなく、自然的存在である人間が観念としての神を作り出したという、フォイエルバッハの唯物論的な宗教批判を受け入れながらも、しかしフォイエルバッハが宗教を現実的悲惨の原因であるとしたことを批判した。フォイエルバッハの言うこととはむしろ逆に、現実的悲惨こそが宗教的幻想の原因であると。
　しかもその現実は、宗教的な慰めによっては救うことはできず、慰めが無用となるまでの抜本的な変革が必要とされるまでに悲惨なのだと、マルクスは考えた。現実の悲惨とは現世に生きる人々の生活自体の悲惨であり、生活の悲惨は、生活手段となる財の消費と、消費のために財を生産する経済のあり方に由来する。悲惨な生活を生み出す経済から、宗教的幻想による慰めを必要としないような、人間的な生活の基盤となるような経済への抜本的変革、つまり革命が必須であると、マルクスは確信したのだった。そしてその主体がプロレタリアートなのだった。
　プロレタリアートとは自分の肉体以外売るものを持たない存在である。自分を売るといっても奴隷のように丸ごと売るのではない。賃金という対価を求めて時間決めで自分を売るのである。こうして古代ならぬ近代プロレタリアートとは賃金労働者である。従って解放の主体をプロレタリアートに定めたマルクスが次に行うべきなのは、労働者

としてのプロレタリアートが置かれた現実、その労働の基本的性格を明らかにすることである。これが経済学の任務であり、マルクスが経済学を本格的に研究し始めたのは1844年、パリの地であった。

この時の知的歩みを記録したノート群がいわゆる『パリ草稿』であり、その中心を成すのが『経済学・哲学草稿』である。

7　対象化としての労働と資本主義によるその疎外

プロレタリアートが行う労働の基本性格を把握するための概念は既にマルクスの手許にあった。それは宗教の本質を説くためにフォイエルバッハが用いた「疎外」である。しかし概念は適用される対象が異なれば、その意味内容は自ずと変容する。フォイエルバッハは自己の疎外論を労働のような経済現象に適用することはなかった。フォイエルバッハとは対照的に経済現象を解明するために積極的に用いられるマルクスの疎外論は、フォイエルバッハとは異なる、独自の質を持っている。

こうしてマルクスにとって、プロレタリアートの行う労働とは基本的に「疎外された労働」である。疎外とはよそよそしくなることである。労働における疎外は、先ずは労働者が作った生産物が、作り手である労働者から疎遠になる、労働生産物の疎外として現れる。しかし労働生産物の疎外はマルクスによると、生産活動そのものがその担い手である労働者にとってよそよそしくなること、生産活動それ自体の疎外の結果である。

労働者が労働という活動自体から疎外されるとはどういうことか？　労働者とは、人間を「労働を行う人」という視点から分類した規定である。労働者にとって労働が疎外されているということは、抽象的に

定義すればある存在がその本質から疎外されているということである。従って労働者が労働活動から疎外されているということは、労働者が自己の本質から疎外されているということである。

マルクスからすると、このことは言葉の形式的な定義だけのことではなく、事実でもある。というのは、労働というのは人間にとって本質的に重要な活動だからである。人間にとって本質的な活動である労働が疎外されているということは、人間が自分自身の本質から疎外されているということであり、人間が人間ではなくなっているということである。

マルクスが労働を人間の本質的な活動だとしたのは、ヘーゲルを踏襲したためである。ヘーゲルは労働を対象化の過程であると捉えた。人間は自己の本質を労働において自己に現前する対象と成す。対象化された対象は自己の本質が「外化」（内なるものを外に現すこと）されたものであり、外化されることによって自己自身とはよそよそしくなり疎外されている。しかし疎外された自己の本質は疎外されているという点では否定的であるが、その否定性がむしろ自己を陶冶し、より高次な状態において疎外された本質を自分自身の内に取り戻すことによって疎外を止揚するという意味では、プロセス全体としては肯定的な性格を帯びる。即ちヘーゲルは労働を、自己の本質を対象化することによって疎外し、再びその疎外を克服することで自己を高めてゆく肯定的なプロセスとして捉えたということである。

マルクスはこうしたヘーゲルの「労働疎外論」を、一方では人間を本質的に活動的な存在として捉えた点では高く評価する。しかし他方では、ヘーゲルが対象化と疎外を同一視し、疎外の止揚のプロセスの中で、対象性をも止揚してしまうことを批判している。というのはマルクスの対象化理解は、人間を本質的に対象的な存在と捉える唯物論

的な観点に根ざしているからである。

マルクスにとって対象化とは、自然的存在であることによってそれ自体が対象的存在である人間が、外的自然に働きかけて自然素材を加工することであり、この加工の過程において自己の本質的な諸力を発揮することだからである。従って対象性そのものは常に前提されていて、無くしてしまうことはできない。止揚することができるのは対象化そのものではなく、疎外となった対象化である。

ヘーゲルにあって対象化と疎外は区別されることなく実現と止揚の一連のプロセスを繰り返す。しかしマルクスは、条件によって対象化は疎外に転ずることを説く。その条件を『経済学・哲学草稿』のマルクスは「国民経済学的状態」という言葉で表現していた。対象化は「国民経済学的状態」においては、後のマルクス自身の言葉では、資本主義においては疎外されるのである。

労働とはヘーゲルが言うように、人間の本質的な活動としての対象化である。しかし対象化はヘーゲルが思い込んでいたように、どの時代状況でも一様ではない。むしろ歴史条件によって基本性格が変わるのである。そしてマルクスの見るところ、資本主義における対象化は最早、疎外となってしまっている。だから資本主義における労働は人間が自己の本質を発現することによって自己の人間性を確証するような活動ではない。

これが、マルクスが資本主義を批判し、その変革を求める理由である。資本主義における疎外は、ヘーゲルが楽観したように、そのプロセスの基本構造を変えることなしにやがて止揚が期待できるようなものではない。働けば働くほど貧困を増大させてしまう「国民経済学的状態」に生きる労働者の現実こそが、ヘーゲルへの最大の反論なのである。疎外は労働の普遍的性格ではなくて、歴史条件によって生み出

されるものである。そして資本主義という歴史条件が疎外を生み出す、だから資本主義を変革しなければならないのである。(13)

変革のためには、何よりも先ずはよくそれを知ることである。知るべき対象である資本主義は、巨大で複雑なシステムであった。だから『経済学・哲学草稿』で本格的に開始されたマルクスの経済学研究は、『資本論』という巨著にまで拡大せざるを得なかったのである。

しかし、『資本論』にあっても、その研究の動機そのものは、『経済学・哲学草稿』の時以来変わることはなかった。マルクスは学者先生のように、ただ知りたいというためだけに研究をしていたのではなかった。知ることはあくまで手段である。『資本論』のマルクスも『経済学・哲学草稿』のマルクス同様に、資本主義によって労働が疎外されることによって、人間が人間性を失ってしまう現実を変革することこそを目指したのである。研究は変革のための武器なのである。

こうして疎外された労働に対する批判はマルクスにとって、研究の主要目的なのである。

8　私的所有の原因

疎外された労働においては労働の生産物は労働者に属さず、労働者にとってよそよそしい物となっている。では労働者から疎外された生産物は一体何処に行くのか？

それは労働者以外の人間の物となるのである。では何故労働生産物がそれを作り出した労働者以外の物となることができるのか。それは「私的所有」のせいである。私的所有権制度においては、何かが誰かの所有物になるのは、何かを誰かが作り出したからではなく、誰かが何かに対する所有権を持つからである。店に売っている商品は店のも

のであるが、買うことによって購買者に所有権が移転する。こうして所有権というのは通常貨幣を通して確定される。労働者が働くためには労働者が働きかける手段や対象が必要だが、それらは通常労働者の物ではない。工場で働く労働者は工場を所有してはいない。所有できるのは所有に必要なだけの貨幣を所持している人や機関であり、これらの人や機関は労働者ではなく、人や機関に体現された私的所有である。この『経済学・哲学草稿』にいう「私的所有」を、後のマルクスは「資本」として明確化することになる。

　こうして疎外された労働生産物は資本となる。そして労働の疎外によって資本は蓄積され巨大となり、労働の主体であるはずの労働者をあべこべに客体に転じる。客体となった労働者から自らの養分を搾取し益々巨大化する怪物の如き社会的生産過程の主体、これが資本である。

　この資本と労働者の人間関係にあっては、資本の喜びの源泉は労働者の苦悩である。搾取される者の損と引き換えに、搾取する者は益を受けるのである。一見してこの人間関係を作り出したのは、疎外された生産物を搾取し蓄積し続ける資本たる「私的所有」の側であるように思われる。ところが『経済学・哲学草稿』のマルクスはそうは考えない。「疎外された、外化された労働によって、労働者は労働にとって疎遠な、そして労働の外に立っている人間の、この労働に対する関係を生み出す。労働への労働者の関係は、労働への資本家の、あるいは労働の主人を何か他に名付けようと、関係を生み出す」と言うのだ。

　この認識は非常に深い。人間存在の皮肉を言い表しているかの如くである。人間が労働するのは、その生み出す富によって自己を潤すためである。決して働かない者を肥やすためにではない。ところが実際には、労働する人間は歴史の経過の中で、労働しない人間を主とし自

らを僕とするような経済体制を作り上げてきた。本来の意図から疎外されているのである。同じように貨幣にしても、そもそもは取引の利便性のために発明されたはずのものである。それは人間の生活を豊かにするための手段でしかなかったはずだ。ところが実際には、貨幣はそれを多く持つ者に強い権力を与え、少ししか持たない者を惨めな境遇に追いやる代物に転化してしまった。しかもそれ自体で利子を生む貨幣は、多く持つ者をより一層豊かにし、少なくしか持てぬ者をなおさら貧しくする。生活を豊かにするための手段だった貨幣が逆に、貧困の原因と化してしまっているのだ。

　こうして人間の歴史は、豊かさを求めた結果がむしろ貧しさをもたらすという、皮肉に満ちている。いわば歴史自体が一つの巨大な疎外過程であるとも言えよう。

　しかしそれだからこそ、歴史は大いなる飛躍の可能性を秘めている。疎外の中にありながらも、人間は弛まぬ生産活動によって、生産力という自らの潜在的可能性を高め続けずにはおかない。マルクスはよく知られているように、「資本の文明化作用」という言葉で、この基本的な歴史の趨勢を見据えた。資本主義という「前史」の最終段階は、地獄から天国に行くためにくぐり抜けなければいけない「煉獄」の如きであると、マルクスはあるところで言っている。(15)

　だからマルクスは、私的所有が疎外を生み出すのではなく、むしろ疎外の方が私的所有を生み出すという人間存在の皮肉を絶望したりはしない。むしろこの皮肉の中に大いなる飛躍の可能性を見る楽天性が、マルクスの歴史観の前提にあると言えるだろう。この楽天性は現在の我々には一体どのように映るのであろうか。

9　疎外の原因

　こうして『経済学・哲学草稿』には、一見して私的所有が生み出したように思われる疎外された労働自身がむしろ私的所有の原因であるという奥深い歴史観が湛えられていた。

　ではその労働の疎外は何に由来するのか。マルクスは「人間はどのようにして、その労働を外化し、疎外するようになるのか？　どのようにこの疎外が人間的発展の本質の中に基づいているのか？」(16)と問う。ところがこの問いを立てた『経済学・哲学草稿』ではこの問いに解答を与えることができなかった。マルクスには今暫く時が必要だった。そしてこの解答こそが、次に続く『ドイツ・イデオロギー』の視軸となるのである。

　『ドイツ・イデオロギー』でマルクスは、次のような問いを立てる。

> 諸個人は常に自分自身から出発してきたし、常に自分自身から出発する。彼らの諸関係は彼らの現実的生活過程の諸関係である。彼らの諸関係が彼らに対して自立化するということは、どこから起こるのであろうか？　彼ら自身の生活の諸力が彼らに対して優勢となるということが、どこから起こるのか？(17)

　ここでは疎外という言葉自体は使われていないものの、「彼らの諸関係が彼らに対して自立化する」、「彼ら自身の生活の諸力が彼らに対して優勢となる」というのは間違いなく疎外のことを言っている(18)。そして問に対する答えは、「一言でいえば、分業であり、その段階はそのたびごとに発展させられた生産力に依存している」(19)となる。

歴史における皮肉がより一層鮮明になる議論である。分業は言うまでもなく、アダム・スミスが『国富論』の冒頭で強調したように、生産力を発展させ、人間を文明的存在にする礎石である。スミスもまた行過ぎた分業の否定面も照射してはいたが、そのトーン全体は分業の肯定面への楽観で彩られていた。対してマルクスはスミスとは対照的に、「活動が自由意志的にではなく、自然成長的に分割されている限り、人間自身の行為は彼にとって一つの疎遠な、対立する力になり、彼がそれを支配する代わりに、それが彼を押さえつける」[20]というように、主眼は分業（自然成長的な分割）の否定性の強調にある。勿論マルクスも分業が「これまでの歴史発展の主要契機の一つ」[21]であることを認めてはいる。しかしマルクスが望む社会は、分業が発展した社会ではなく、分業が止揚された社会である。
　それにしても、分業が止揚されるとはどういうことだろうか？　そして何故マルクスは分業を、疎外の原因とするまでに重い意味を持たせたのか？
　それは「疎外された労働」に対する「疎外されざる労働」のイメージを明確にするためである。ではそれはどのようなものか。

10　疎外の止揚

　人間は自己の労働を疎外することによって資本を生み出し、自ら生み出した資本によって今度は自分自身が支配されるとマルクスは見た。この転倒構造を再びひっくり返すためには、疎外を止揚しなければならない。しかし疎外の止揚とはどのような事態か。
　疎外されることによって労働者である人間は、自らの生産物と生産過程を自分自身のものとできなくなる。為すべきことを為したいとい

う自由意志が損なわれるのである。こうした疎外の原因が分業である。分業とは労働を分割することである。ということは、労働者の労働が自由意志的になるのは、労働の基本的性格が分割され細分化されたものではなく、一種の全体的な活動の様相を帯びる時である。そうした活動に関して、『経済学・哲学草稿』では未だ抽象的に「一個の全体的人間[22]」としての対象化を謳うまでだったが、『ドイツ・イデオロギー』では例えば、「画家という者はいなくて、せいぜい何かの時に絵も画く人間がいるだけである[23]」というように、理想社会のイメージが具体的に提起されるようになる。

　これはどういうことかと言えば、高度な生産力発展によって、各社会成員の基本的な生存に必要なだけの生産活動の必要量が大幅に減少する。その結果、社会の維持再生産のために義務的に必要とされる労働時間も同様に大幅に減少し、自由時間が増大する。そして増大した自由時間を使い、各人が多様な活動を展開することによって人間性を陶冶し高めて行くという未来構想である。

　従って分業の止揚といっても、生産専門化を廃止し、工業化そのものを放棄して原始的生活に回帰するということではない。様々な財やサービスを提供するために多様な労働形態があるという普通の意味では、分業それ自体は文明生活の基盤であり、止揚されるはずのないものである。「分業の止揚」ということでマルクスが意図するのは、生産の専門分化を廃止することではなくて、専門分化に囚われない人間のあり方である[24]。人間は肉体的にして精神的存在である。だから専ら肉体を酷使する労働と頭脳のみを多用する労働がそれぞれに固定した職業として分化している現行秩序は、人間本来のあり方ではない。取り分け著しくエネルギーを消耗する長時間にわたる過酷な肉体労働は、極力縮減されて行くべきである。

それにもかかわらず、昨今のワーキングプア的状況に置かれている人々の従事する労働の多くは「マニュアル（を見れば誰でもできるような未熟練）労働」であり、非常に劣悪な労働条件で過酷な重労働を強い、しかも正規労働者よりも低賃金に抑えられる場合も少なくない。

このような現状にあってマルクスの理想は色褪せるどころか、一層の輝きを放ちつつある。残念なことに、マルクスはまだまだ古臭くなっていないのである。

11　疎外と戦略

さて、マルクスはヘーゲルと異なり、疎外を人間の普遍的な存在構造とは見なさなかった。普遍的であるのは対象化であり、疎外は歴史的な条件によって変容した対象化なのである。マルクスのいう「疎外」とは、あくまで歴史的に形成される具体的な人間の活動のあり方である。だから疎外とは人間が人間である限り無くすことができないような何かしら神秘的な"人間の条件"の類ではなくて、歴史的に変化するものであり、人為的に変革可能なものである。

マルクスは、資本主義は疎外された労働によって生まれるとした。だから資本主義の後に続くべき社会は疎外のない社会である。しかし人類の「前史」の基本性格である疎外が、そう容易に克服されるはずもない。だからマルクスはポスト資本主義社会に段階分けを行い、最初の段階を、疎外を克服してゆく過程、次の段階を疎外が十分に克服され、最早疎外が消滅（止揚）してしまった社会とする。伝統的に前者を社会主義、後者を共産主義と呼ぶ。

ということは、この地上で未だかつて共産主義社会などは存在のしようもなかった。それどころか、前段階の社会主義でさえ、旧ソ連東

欧がそうであったなどとは、言うのがはばかられる。マルクスの疎外論からすれば、旧ソ連の社会主義はマルクスの言う意味での社会主義とは程遠い社会であった。このようにマルクスの疎外論は、その社会が何であるか、取り分けそれが本当に資本主義を乗り越えた社会であるかどうかを測る水準器の役割を果たし得るのである。

　またマルクスは、疎外というのは自立化した私的所有である資本が生み出すのではなくて、むしろ資本によって搾取される労働者の方が自らの労働を疎外することによって資本を生み出すと考えた。この認識からは、重要な戦略的帰結が導かれる。それは、疎外を生み出す労働のあり方を変えることなく資本を打倒しようとしても、資本主義は本当には変革されることはないということである。工場を破壊したり、個々の資本家にテロを加えるが如きは、明らかに誤った道なのである。たとえ形の上では資本がなくなったように見えても、私的所有を生み出す労働の疎外を意識的かつ積極的に克服しようとしない限り、資本家に代わる新たなる支配者を生み出さざるを得ないということである。これまた、旧ソ連東欧の「現実社会主義」によって実証されてしまった話である。

おわりに

　こうしてマルクスにとって疎外とは、彼の主要な批判対象である資本主義の本質を規定する概念であるに留まらず、変革のあり方をも指し示す、彼の理論全体の視軸となる中心概念なのである。
　資本主義はマルクスの生きた時代からは大きく隔てて巨大な生産力を実現したが、人類は未だに生産力をマルクスが構想した意味での社会主義的な生産関係と結び付けられないでいる。そのためマルクスの

時代同様に、疎外が我々の生活を支配する基本的な運命になってしまっている。残念ながら「疎外の止揚」は、現代においても求められる目標に留まっているのである。

　だからマルクス疎外論は、今日においてなお、新たな社会主義構想に向けての有益なヒントとなり得ているのである。(25)

――注
（1）「人間は、精神なのだから、自分自身を最高者に値するものと見なすことができるし、見なすべきである。彼の精神の偉大さと力については、どんなに大きく考えても十分過ぎる程ではない」。G.W.F.Hegel, *Vorlesungen über die Geschite der Philosophie I,* Frankfurt am Main, Suhrkamp Verlag, 1971, S.13-14.
（2）前回論集における拙稿で引用した（『グローバリゼーション時代と社会主義』、106頁）ように、マルクスは『資本論』で資本主義の基本性格を、「人間が宗教の中で彼自身の頭の作り物に支配されるように、資本主義的生産の中では彼自身の手の作り物に支配される」（*Das Kapital. Bd. 1.,* MEGA II—10, 557.）と規定した。「人間が宗教の中で彼自身の頭の作り物に支配される」というフォイエルバッハの認識を踏襲して、資本主義では労働者が自身の作り出した生産物に支配されるとする。つまりフォイエルバッハの宗教批判をモデルにして、資本主義を批判しているのである。
（3）既に1843年3月の時点でマルクスは、フォイエルバッハに対し一方で現在の哲学を真理にすることができる唯一の紐帯と高く評価しながらも、他方で「フォイエルバッハの箴言は、彼が自然について非常に多くを言及し、政治については殆ど言及しないという点でのみ、私にとっては正しくないのです」（マルクスのアーノルト・ルーゲ宛1843年3月13日付手紙。MEW. Bd. 27. S. 417.）というように、批判的な留保をしていた。この手紙の理論的意義に関して、岩淵慶一『初期マルクスの批判哲学』時潮社、1986年、特に第一二章「哲学革命」、参照。

(4)「この本〔キリスト教の本質〕の解放的作用は、自ら体験した者でなければ、思い浮かべることはできない。熱狂は一般的であった。我々は皆一時フォイエルバッハ主義者だった」Friedrich Engels, *Ludwig Feuerbach und der Ausgang der klassische deutschen Philosophie*, MEW.Bd.21.S.272. この回想は、後進のマルクス思想形成史解釈に、致命的なバイアスを与えた。しかし、はっきりとエンゲルスが間違っている。岩淵慶一「フォイエルバッハと若きマルクス」(『立正大学人文科学研究所年報』第14号、1976年、所収)、参照。

(5)岩淵前掲書参照。非常に重要な論点であるが、この点を強調している研究は少ない。

(6)岩淵慶一「フォイエルバッハとマルクス」、立正大学文学部論叢第94号、1991年、参照。

(7)Karl Marx, *Zur Judenfrage*, MEW.Bd.1. S.376-377.

(8)マルクスが『ドイツ・イデオロギー』で自らの見解が既に「独仏年誌」で示されていたと強調するのは一度や二度ではない。その代表例は次の文章である。「フォイエルバッハは宗教的世界を、彼自身にとっては今ではもう地上的世界の現前しているフラーゼ(空語)に過ぎないものとして提示することによって、彼にとって答えられなかった問が、ドイツの理論に対してもまた、生じた。人間がこの幻想を"頭の中に据える"ということはどのようにして起こったのか? この問はドイツの理論家に対して唯物論的な、無前提ではなく、現実的な物質的諸前提の経験的に観察されたものとしての、それゆえ初めて現実的に批判的な世界の見方へと道を開いた。この進路は既に"独仏年誌"の中で、"ヘーゲル法哲学批判序説"と"ユダヤ人間題に寄せて"の中で示唆されていた。だがこれは当時まだ哲学的なフラーゼオロギーにおいて行われていたので、ここに伝統的に紛れ込んでいた"人間的本質"、"類"といった哲学的表現が、ドイツの理論家たちに、現実的な展開を誤解させ、ここでも再びただ彼らの着古した理論的上着の一つの新しい裏返しが問題であると信じさせるのに、願ってもないきっかけを与えた」Karl Marx/Friedrich Engels, *Die deutsche Ideologie*, MEW. Bd.3. S.217-218. 前半は『ドイツ・イデオロギー』で展開された唯物論的な

歴史観の真髄を示す重要な文章だが、その内容は既に「独仏年誌」で示唆されていたとされている。従って、この引用文の全体ではなく前半部分だけを引用提示して、ここにマルクスの以前とは異なる新たな理論的方法が記されているかの如く主張するのは、自らの「解釈」のためにマルクスの真意を捻じ曲げ、真実を知らない読者を欺く、一種の知的詐欺だろう。こういう詐術を行う者はかつて散見されたが現在でも絶えておらず、新たに再生産される始末である。

（９）「ドイツ人の解放は、人間の解放である」Karl Marx, *Zur Kritik der Hegelschen Rechtsphilosophie. Einleitung,* MEW. Bd.1. S.391. ドイツ人という特殊の解放は人間という普遍の解放である。つまり特殊な個々人は人間として普遍的に解放されない限り解放されないという認識である。なお、本文中の引用も上記テキストによる。

（10）Marx/Engels, *Manifest der Kommunistischen Partei,* MEW.Bd.4. S.475.

（11）Ebenda.

（12）拙著『初期マルクスの疎外論——疎外論超克説批判——』時潮社、2000年、117頁。この論点に関する先駆的認識には、次のようなものがある。「注意すべき最も重要なことは、マルクスが私的所有の廃止を専ら疎外された労働の廃止のための手段として見ているのであって、私的所有の廃止それ自体の中に目的を見ているのではないということである。生産手段の社会化は、ちょうど他の経済制度と同じように、それ自体としては単なる経済的事実でしかない。それが新しい社会秩序の始まりになるための資格は、人が社会化された生産手段でもって何をするかにかかっている。もしそれらが自由な個人の発展と満足のために利用されないとしたら、それらは単に実体化された普遍性への諸個人の従属のための新しい形式になるだけだろう。"社会"ではなくて自由な諸個人が社会化された生産手段の支配者になるときにだけ、私的所有の廃止が本質的に新しい社会システムを開始させるのである」。Herbert Marucuse, *Reason and Revolution. 2nd Edition,* Routledge and Kegen Paul, 1955, p.282.「生産諸手段の私的所有の廃止は、生きている労働にたいする死んだ労働の支配の一つの可能な特殊形態の廃止でしかない。例えば、官僚層のような、蓄積された、対象化された

労働の処分に関する意志決定の独占を保持しているその他のなんらかの社会集団が存在するならば、一般的な構造は存続するのである。」ミハイロ・マルコヴィチ、岩淵慶一他訳『コンテンポラリィ・マルクス』亜紀書房、1995年、26頁。

(13) 拙稿「疎外——批判原理の現代的再生のために——」、有賀誠・伊藤恭彦・松井暁編『現代規範理論入門——ポスト・リベラリズムの新展開——』ナカニシヤ出版、2004年、所収、参照。

(14) Karl Marx, *Ökonomisch-philosophische Manuskripte*, MEGA I-2, S.244.

(15) Karl Marx, *Resultate des unmittelbaren Produktionsprozesses*, Berlin, Dietz Verlag, 1988, S.85.

(16) Marx, *Ökonomisch-philosophische Manuskripte*, a.a,O., S.245-246.

(17) Marx/Engels, *Die deutsche Ideologie*, MEGA (Probeband), 1972, S.118.

(18) 岩淵慶一『マルクスの疎外論——その適切な理解のために——』時潮社、2007年、90頁。

(19) Marx/Engels, *Die deutsche Ideologie*, MEGA, a.a.O., S.118-119. これらの引用文にシュティルナー批判が含意されていることを明らかにしたのは、村井久二氏の慧眼である。氏はこの文章を次のようにカッコ内を補足して引用される。「（シュティルナーが言っているように、また欲しているように）諸個人は常に自己から出発してきたし、常に自己から出発する。彼らの諸関係は、彼らの現実的生活過程の諸関係である。（ではシュティルナーが抗議している事態、すなわち）彼らの諸関係が自立して、彼らに向かいあうことはどこから生ずるのか？　彼ら自身の生活の諸力が彼らを圧倒するものとなることはどこから生ずるのか？／一言で言えば分業であり、そしてそれの諸段階はその時々の生産力の発展に依存している。（そして今やそれの実践的廃止が可能かつ必須となっているのである。必要なのは、シュティルナー的な『反逆』ではなく、分業を廃止する『共同行為』である。）」村井久二『コントとマルクス——「コント＝マルクス型発展モデル」の意義と限界』日本評論社、2001年、147頁。『ドイツ・イデオロギー』の基本的問題設定が表明されている文章をこのように解釈することで、どうして『ドイツ・イデオロギー』の大部分が長大で冗長ですらあるシュティルナ

一批判に捧げられているのか、合点が行く。疎外された労働の歴史的起源を分業に求めることにより、分業概念を中心とした唯物論的な歴史観を彫琢するのが『ドイツ・イデオロギー』の理論的課題であったが、これはシュティルナーの『唯一者とその所有』の逐語的批判を通して練り上げられて行ったということである。

(20) Marx/Engels, *Die deutsche Ideologie*, MEGA, a.a.O., S.57-58.
(21) Ebenda., S/58-59.
(22) Marx, *Ökonomisch-philosophische Manuskripte*, a.a.O., S.268.
(23) Marx/Engels, *Die deutsche Ideologie*, MEW, a.a.O., S.379.
(24) マルクスの人間観について、詳しくは拙稿「マルクスの人間観──「全体的存在」としての人間」、田上孝一・黒木朋興・助川幸逸郎編著『〈人間〉の系譜学──近代的人間像の現在と未来──』東海大学出版会、2008年、所収、参照。
(25) 本稿は、東海大学出版会のHP「WebTOKAI」に2010年5月から12月にかけて8回にわたり連載された「マルクス入門」（現在は閲覧不可）の内、「第四回　疎外の原因と主体の発見──『独仏年誌』の境地──」と「第五回　疎外された労働の批判から疎外されざる人間の提起へ──『経済学・哲学草稿』から『ドイツ・イデオロギー』へ──」を組み合わせ、主として注記を加えるという形で適宜加筆修正して成ったものである。

第7章　労農派社会主義の原点と現在
　　　──山川均論を中心に──

山﨑耕一郎

1　共同戦線党の追求

　1922年の日本共産党結成時には、山川均は「時期尚早論」であった。国内で階級闘争が盛り上がり、労働運動の中で多くの社会主義者が育つ前に、外国からの働きかけで党をつくってもうまくいくはずがないと考えたからである。ただ、山川の家でやっていた学習会メンバー（徳田球一もその一人）も含めて、周囲の者がみな「共産党結成！」の気運にまき込まれしまったので、山川も強く反対論を唱えるようなことはしなかったようだ。本人は「入党」の手続きなどしなかったが、周囲の者が「山川が入らない共産党ではまずい」ので、「党員にした」ようである。そういう扱いに、本人もとくに抵抗してもいない。

　共産党結成（7月15日）の直後に、雑誌『前衛』に「無産階級運動の方向転換」という論文が掲載されたが、これは党の討議とは関係ない。『前衛』は山川が個人で発行していたものであり、それに以前から考えていたことを急に思い立って文書にしたと、本人は言っている。ただその内容は、当時の日本の社会主義運動へのたいへん的確な問題提起になっていた。

　論文は、少数の「主義者風の者」が、肩で風を切りながら主観的に「革命的」な行動をするようなことを止めて、大衆の中に入って、大衆とともに行動せよと説いている。この指摘は、当時の大部分の社会

主義者に受け入れられた。といっても、実際の党員の活動のスタイルは、ほとんど変わらなかったようである。

このときにできた共産党は「第一次共産党」と呼ばれるもので、数十人の、警察が全党員を容易にマークできる程度のものであった。そして、23年6月の第一次共産党事件で逮捕された堺、徳田などが保釈される頃、関東大震災後の弾圧もあって、内部から解散論が強まり、1924年2月に解散した。

共産党は山川を「解党主義者」と呼んだこともあるが、この解党をしたときには兵庫県の垂水にいて、全く相談にもあずかっていないと、『山川均自伝』で述べている（398頁）。解散に反対したのは荒畑寒村だけで、徳田球一などはもっとも熱心な解散論者であったと、『寒村自伝』に書かれている。

25年2月頃に、堺、荒畑の二人が山川のところに来て、党の再建に協力してくれと言ったが、山川は「ああいうものは、運動全体にとってマイナスだ」と言って断っている（岩波書店『山川均自伝』418頁）。この時二人が、「翻訳でもしたような読みにくい原稿」を見せたというが、それが「上海テーゼ」であったそうだ。山川には反対されたが、共産党は26年には再建された。それには山川は形式上も入党しなかった。

その頃には、普通選挙の実施を控えて、「単一無産政党」結成の機運も盛り上がっていたが、これも成功しなかった。初めに結成された（25年12月）農民労働党は、即日結社禁止となり、翌年3月に結成された労働農民党は分裂し、その一つに共産党員が「なだれ込み」戦術をとって、対立を煽り、結局、労農党、日本労農党、社会民衆党、日本農民党の四党ができてしまった。共産党の福本和雄のように、「結合の前の分離」は良いことだとして、この分裂を是とする者もいたが、

山川は、これでは無産政党は育たないと考えた。

1927年12月に、福本の影響下にある共産党の動き方を含めて当時の無産政党運動のあり方に批判的な人々によって、雑誌『労農』が創刊されたのだが、この創刊号に山川は「政治的統一戦線へ」を書いている。この論文には「無産政党合同論の根拠」という副題がついている。反動的、帝国主義的なブルジョアジーの政治支配と闘うには、全党が合同しなければならないし、そのために努力を惜しまないのが左翼たるものの任務ではないか、と述べているのである。この山川の意見は、終生、変わることはなかった。

山川は、労働農民党、日本労農党、社会民衆党の綱領を比較してみれば、大きな違いはないと述べている。違いはあるにはあるが、似ているとも言えるのである。だいたい、運動をするときには、多少の表現の違いはあっても、互いに連帯感をもつことができれば、障害にはならないものである。

私も個人的に、もっと小さい単位ではあるが、共闘、統一の討議をしたことが何度もある。その際、統一の方向で討議をまとめようとすれば、相互の共通点を強調し、まとめたくなければ、小さな違いにこだわって「この点は絶対に譲れない」と主張する者が必ずいる。なぜまとめたくないかと言うと、多くの場合、共闘、統一した後に主導権を取れるかどうかの判断である。左翼の運動の中で、共闘、統一の話が壊れるのは、ほとんどの場合、この「主導権の可能性」によるのである（そのように正直に言う党派は少ないが）。主導権を争わないような人々を対象とした討議であれば、かなり思想、理論は違っても、話はまとまるのである。

四つの無産政党のうちの日本農民党についてだけは、山川もその右翼的な性格をみて、他の三党との違い認めていた。しかしそれでも、

この党を構成する農民一人ひとりは、同じようなものではないかと言って、合同は可能だと説いている。

そのうえで「×××（革命的）プロレタリアとその前衛とは、無産政党の内に、指導を確立しなければならぬ。また指導を確立しうるものに生長し、成熟しなければならぬ。」（『労農』創刊号43頁）と述べているのである。

「統一すれば良い」とだけ言っているのではない。革命的プロレタリアとその前衛の「生長と成熟」が必要なのである。言いかえれば、統一した組織の中で、はじめは主導権を取れないかもしれないが、誠実に活動し、成長して、指導的役割を認められるように努力しなければならないというのが、山川が説いていることである。始めに分裂してから、他の党派を圧倒、あるいは吸収合併できるような力量を備えようとするのでなく、統一した組織、運動の中で、信頼され、理論の正しさを認められるように活動しようというのである。この論文の中では「生長し、成熟する」とだけしか言っていないが、具体的に何をするかは、他の論文で繰り返しいわれていることである。

戦前の労農派は、右のように説きながら「自分たちの党」をつくらなかった。『労農』で説いている方針の支持者が、運動の中で有形無形の協力をすることはもちろんあったが、独自の党として「旗を振る」ようなことはしなかった。しかし日中戦争が開始された1937年の「12月15日に日本無産党と全評（労働組合全国評議会）の指導者が三十余名、労農派と目される全国の指導分子数百名、ややおくれて大内さんたちの『教授グループ』の人々、これが国体の変革、私有財産制度の否認を企図して結社活動をしたものとして、治安維持法によって一斉検挙される。」（『山川均自伝』446頁）という事態になった。これが「人民戦線事件」といわれるものである。37年12月の時点で、これだ

けの人たちが労農派として、ファシズムに抗して活動していたということで、けして希薄な影響力ではなかったと言える。

　途中は省略するが、戦後になって、第二次大戦前の運動についての検討の場で、質問に応えて山川は次のように答えている。

　「労農派と共産党とが闘ってどっちが勝った負けたというふうに問題をとりあげるのは、問題の本質からそれていないでしょうか。……労農派は終始大右翼結成の運動とも闘いました。しかし結局、日本労働組合会議ができてしまったのだから、やはり負けたということになります。だから労農派が負けたといえば、共産党や無産政党右翼の共同戦線——無意識的な——の力に負けたという方が当たっているでしょう。しかしほんとに勝ったのは日本帝国主義——。
……
　しかし何とかして労農派はもっと力を出せなかったものかという問題はあります。私は労農派の力の不十分ということは、主として組織がなかった、組織として働かなかったことにあると思います。労農派も地方には相当いい、要所々々にいい人を持っておったのですね。初めから労農派が党をつくるという方針でやっておれば相当にいけたと思うのです。ところが労農派は戦線の統一、無産政党の合同という建前からして、独自の政党のような組織になることはできないし、またもう一つ別の政党をつくるというような意図を全然もっていなかった。労農派の人たちは二度、党をつくりましたけれども、やむをえず、追いこまれて、それ以外はしょうがないから合同の足だまりをつくったわけです。ですから無産政党の統一ということから離れて考えると、党をつくってそれに全力を集中してやると、もっとやれたと思う。東京無産党や日本無産党をつくったことがありますが、その場合そうする以外に方法がない羽目に立たされてつくった、つくりはしたが、別

個の党として成長するためではなくて、合同への足だまりとしてつくったにすぎない。こんなところにディレンマがあったわけです。独自の党をつくらないとすれば既成の党の中で働くほかない、それがまたわれわれの方針でもあったのですが、中で働けばはじき出されるし、さりとて黙ってついていってるだけでは意味がない、口でいえば何でもないが、実際やるとなればなかなかむつかしい。七党合同までは成功したのですが、粛正運動で失敗したわけですが、必ずしも鈴木茂三郎君をはじめ党内にいた人たちの責任とは私は思わない。……粛正運動自体は私は失敗だと思う。第一、火つけ役が福田狂二というような札つきの人物です。これに乗ってやったのでは成功するはずがない。……あの時私は猪俣君から手紙をもらったので、すぐ返事を出しました。君は福田狂二という男を知らないだろうが、どんないいことにしろ福田と一緒にやることは絶対にいけないと——。

　負けたといえば七党合同が分裂した時、正直に言いますと、あの時私はもうダメだ、負けたと思いました。……それで共同戦線党という思想のために多くの同志が必死の努力をつづけてきたことに対し非常に責任を感じました。」(同書437〜439頁)

　堅く強い政党をつくるにも、様々な苦労は必要だろうが、まとめ役に徹しても、複雑で予想外の役割がもとめられたのである。ともかく、戦前の苦労は実らぬまま、労働者の運動は、日本的ファシズムに圧倒されてしまった。

　この後のことについて、社会主義理論学会に出席した時にいわなかったことだが、一つだけ付け加えたいことがある。

　このあと1938年に、すべての労組が産業報国会に統合され、40年には政党が大政翼賛会に統合されて、労働者の運動は無くなるのだが、1945年になって労働組合と政党の運動が復活したとき、全国的な政治

地図がほぼ戦前と同じだったと言われている。ということは、どの党派、団体の幹部、活動家も、体制に屈服させられてはいたが、周囲への影響力は保持していたのである。戦前の活動は、ほんのわずかずつではあるが継承され、1945年にまた、復活したのである。

2　戦後の民主人民戦線・「山川新党」の試み

　1946年1月に山川は、「人民戦線の即時結成を提唱す」を発表した(『民衆新聞』1月10日号に掲載)。その呼びかけは、次のように述べている。

　「政治革命は旧支配階級の武装解除と支配機構の破壊をとおして行われる。わが国の支配階級は、軍隊の解体によって武装を解除され、憲兵及び秘密警察の廃止によって暗黒政治の触手と爪牙をとりのぞかれた。そして財閥の解体によって経済的基盤を掘りくずされたばかりでなく、戦争犯罪人の逮捕と軍国主義者の公職からの追放により、その支配機構は壊滅に瀕している。……

　それにもかかわらず、旧支配勢力の残存勢力によって構成された政府が依然として国政を担当し国家権力がいまなお彼らの掌中にあるかのごとき錯覚を生じていることは、わが国の民主革命の特異性にもとづく甚だしい変態的な現象であるといわなければならぬ。

　それゆえにわが民主革命の現在の段階における最大の急務は全人民の間から澎湃として湧きあがる民主主義への意欲を結集して、強大な民主主義政治勢力を形づくること、すなわち人民戦線の樹立にほかならぬ。」(『山川均全集』第14巻311頁)

　1月26日、野坂参三帰国歓迎国民大会が日比谷公園で開催され、山川均が大会委員長を荒畑寒村が司会つとめ、片山哲、加藤勘十、徳田

球一、細川嘉六らが演説し、尾崎行雄がメッセージをよせ、石橋湛山も世話人の一人として壇上に座った。大会は盛り上がり、民主人民戦線の旗揚げであるかのようであった。

3月10日に第一回の世話人会が開かれたが、そのときまでに世話人として名をつらねたのは石橋湛山、羽仁節子、長谷川如是閑、細川嘉六、大内兵衛、河崎なつ、横田喜三郎、高野岩三郎、辰野隆、野坂参三、藤田たき、安部磯雄、荒畑寒村、聴濤克己、三浦鉄太郎、森戸辰雄、末川博、末広厳太郎、山川均らであった。

しかし、種々の障害があって、この運動は実を結ばなかった。とくに政党（社共両党）は不熱心であった。社会党はこの世話人会に代表を出すことを拒み、執行部にいる者の個人の資格での参加も認めなかった。総同盟、日農も同様の態度であった。四月の戦後最初の総選挙が近づくと、共産党が社会党攻撃を強めて、対立が煽られた。こうして、せっかく盛り上がった気運は、たちまちぶち壊された。両党とも、「人民戦線もけっこうだが、それよりわが党がもっと大事だ」という気分であったようだ。

47年3月、山川は「民主戦線の展望」（『改造』4月号に掲載）のなかで、政界の情勢、とりわけ民主勢力の状況を分析しながら、「この行きつまった形勢を打開するために、何人によってもまず第一に考えられるのは、有力な第三の勢力が現れることである。第三勢力の出現には、ある程度まで、この局面を打開し、そして社共両党を共同戦線に立たざるをえない情勢をみちびき出す力がある。」（『山川均全集』第15巻115頁）と述べている。「理」に加えて「力」があれば、民主戦線の結集はできると考えたのである。

1947年8月、山川均、向坂逸郎を編集委員代表として雑誌『前進』が創刊された。その「創刊のことば」（向坂逸郎と連名）では、「雑誌

『前進』はこの事業に関心をもつすべての人々にとって共同の仕事場となり、共同の研究室となることを希うものである。」と結ばれている。具体的にどういう人々を想定して共同の仕事・研究をしようとしたのか定かではないが、「共同」という言葉を使う以上、身内の者だけでなく、より広い人々との共同を考えていた筈である。

翌48年10月26日に「労働階級運動の再編成」(「共同通信」のために書き、『労働組合運動のために』に収録)の中で、山川は次のように述べている。

「極左極右の偏向を克服してわが国の労働階級運動を正しい階級的な方向にみちびく指導的な勢力は、民主的な組合の戦線統一によってのみ形づくられるのであるが、民主化運動のあいだには、すでにこの方向への機運が動いている。

組合運動の再編成に照応して、労働階級の政治戦線も再編成されなければならぬ。しんじつの労働階級政党は、民主的な組合を結集した勢力を基礎として、そのうえにうち立てられなければならぬ。このような労働階級政党の生れることは、げんざいの日本社会党が再組織の運命にあることを意味している。げんに社会党内部には、このさい党を解体して再組織すべしという意見さえもたい頭している。そして社会党の生きる道は、それいがいにはないといってよい。」(『山川均全集』第16巻271頁)

労働組合の戦線統一の機運というのは、高野実などがその中心にいて組織化に努め、後に総評結成として結実した。政治戦線の統一については、構想どおりには進まなかった。結果として、具体名を上げられた社会党からの反発も強くなってしまった。しかし山川の意図は明確である。労働組合運動も、労働階級政党の運動も、全体の統一にむけて再編成するように働きかけようということである。

翌11月には「社会主義政党結成促進運動の発足にあたり」という論文を書いている（小堀甚二と共同執筆という説もある）。この組織は、「社会主義労働党結成促進協議会」という名前であり、翌年には「社会主義労働党準備会」と名称を変えたのであるが、通称は「山川新党」である。その「（五）われわれ自身の政党」のなかで次のように述べている。

　「日本社会党、日本共産党および新労働農民党に対する批判からの当然の結論として、われわれの政党は、民主的な労働組合農民組合の統一された戦線に対応し、その基礎の上に立つ政党でなければならない。したがって、いまわれわれがめざしている政党の実現によって、わが国における労働階級運動の再編成ははじめて完成されるものである。」（同書280頁）

　同じ月の『前進』に山川は「日本社会党は再組織せよ」という短い論文も書いている。社会党の体質改善を求める提言である。

　これらの動きを見て、「山川均も一時は新党をつくろうとした」と見る人もいる。既成の党に飽き足らず、純化された社会主義政党をつくろうとしたのだ、という説である。しかし、私はそうでないと思う。この社会主義政党結成促進協議会は、さきに紹介した「民主戦線の展望」のなかで言われていた「行きつまった形勢を打開する第三の勢力」を、出現させようとしたのである。この協議会、後の社会主義労働党準備会を育てて、社会党、共産党を圧倒しようというのではなく、全労働者政党の統一にしり込みする勢力を引っ張り込むための梃子としようとしたのである。

　1950年6月、朝鮮戦争が開始されると、米占領軍は、共産党中央委員二四人の公職追放を行うとともに、警察力の増強（警察予備隊＝後の自衛隊の創設、海上保安庁の拡充）などを指令した。朝鮮戦争、及び

日本の再軍備をめぐる議論が、社会主義労働党準備会のなかでも紛糾した。「向坂教授の向ソ一辺倒主義に反対」「(ソ連の)侵略に備えて、プロレタリア民兵制度が必要だ」などの意見も出て、内部が乱れた。

　他方で、50年7月に労働組合運動の再編成の結果として総評が結成されたのだが、その運動を担った幹部、活動家は、「山川新党」にも期待したが、同時に今すぐに共産党と対抗できる政党として、社会党左派への支持も高まっていた。しかも、右にのべたように内部で議論が紛糾しているようでは、「第三勢力」の魅力も薄れてしまっていた。そのため、あてにしていた「民同左派」の活動家たちが、社会主義労働党準備会ではなく、社会党のほうに入ってゆくということにもなった。こうした事情が重なって、幹部相互の不信感も強くなり、社会主義労働党準備会は、51年3月には、解散という結果に陥ってしまった。

　私としては山川の意図は理解できるし、賛同したいのだが、それを実行するのは極めて困難であると、痛感せざるを得ない。山川という日本の社会主義運動の最高の理論家が考え、実現のために力を尽くしても、運動の歪みを正すのは極めて困難であるということが、この動きの総括として、言えるのではないか。まして凡人は、やたらに新党を作っても、うまくいかないのである。

3　社会主義協会の結成と、社会党の分裂・統一

　1951年6月に、『社会主義』創刊号が発行された。発行者は「社会主義協会同人」であるが、その結成の会合の記録は残っていない。大内兵衛、山川均連名の「創刊のことば」は、「われわれが来るべき反動期を乗り切るためには、なにをなすべきでしょうか、それは今日も二十年前と同じように、基本的に労働階級の戦線の統一と社会主義勢

力の結集ということ以外にはありません。」(二頁)という態度を表明している。「講和を契機として本格的な反動時代が来ることを覚悟し」て、戦線統一をすすめようというのであった。(20年前というのは『労農』が発行されていた頃)。

創刊号に紹介された同人の名前を見ると、労農派に連なる学者が多いのは当然として、次に、高野実、和田春生、太田薫など労組幹部20名が目立つ。社会党幹部は九名である。その後も『社会主義』は、総評をはじめとする労組の幹部、活動家の中に読者を増やし、影響力を拡大していった。

当時、日本社会党は、サンフランシスコ講和条約と日米安保条約への態度をめぐって、党内の議論が紛糾していた。10月17日には、国会の議決において、左右が別々の行動となってしまった。右社は「白・青」すなわち講和条約賛成、安保条約反対であり、衆議院で29名、参議院で31名がそのように票を投じた。左社は「青・青」(どちらにも反対)であり、衆議院で16名、参議院で30名であった。すなわち右派のほうが多かった。

しかし10月23日から開催された臨時大会になると、事情は一変した。この間、労働者党員の増加があったので、代議員数において左派優位であった。大会場では「真摯な討論」などは行われず、怒号の応酬であった。

第一日目の夜、労働者同志会(総評幹部)と党青年部代表が合同会議をもち、その総意として、「社会党が臨時大会で白・青(講和条約賛成、安保条約反対)を決定した場合、社会党を勤労者の政党と認めることはできない。その時は新しい労働者党を結成する。」という重大決意を執行部に突きつけた。

翌日の大会第二日には、冒頭に議長が「中央委員会では意見の一致

ができなかった」ことを理由に、大会の散会を宣言した。右派は、用意していた別会場に移ったし、左派も別会場で大会を続行した。分裂は全国に波及した。全国の組織においても、左社が優勢であった。それがその後の三回の選挙（52年10月、53年4月、55年2月）に反映され、55年2月総選挙後には、衆議院の議席は民主185、自由112、左社89、右社67、労農4、共産2となった。

　この間に左社では、54年1月に「左社綱領」を決めている。労働者政党が武力革命論でも、改良主義でもない平和革命論の綱領を決めたのは、日本でも世界でも初めてのことであり、党員の意気は大いに上がった。これから左派社会党を育てて、日本の社会主義運動を前進させようという意欲が高まったのであった。同時にこの頃には、総評の運動も定着し、その幹部には左派社会党員が多かったので、左社・総評ブロックが、階級闘争の中軸であるという意識も強くなった。

　同時に、この頃には左右両社会党の対立にも落ち着きができ、また、朝日新聞などによる「合同すれば政権をとれる」というキャンペーンにものせられて、院内での協力関係も強まった。55年総選挙の結果を見ると、両社の衆議院の議席を合わせたら計156名で、第二党になる。そこで、自民党を含む保守政治家の対立（石橋湛山の自民党除名）、再編の動き（11月鳩山総裁の日本民主党結成）を横目で見ながら、両社会党の話し合いも進んだ。11月10日には、両社会党の幹部六名の会談で「統一促進」の合意がなされ、11月20日には、共同政権樹立に向けて「新政策大綱」が発表された。

　いつの時代でも、国会議員にとっては「綱領より政権」である。労組の中でも、とくに官公労においては、支持政党である社会党が政権を取れる、あるいはそこに近づけるだけで労資交渉がやり易くなるから、左右合同賛成論が強くなる。当時の社会党も、そうであった。若

い活動家たちは、綱領の平和革命論の学習に取り組んだが、国会議員の中では、統一への流れが強まっていた。

　山川均、向坂逸郎など、社会主義協会の理論家は左派社会党の強化・発展を求めていたが、社会党国会議員団の大多数は、統一を支持した。そして55年10月には、社会党統一大会がもたれ、11月には保守合同による自由民主党もできて、「五五年体制」が発足した。朝日新聞をはじめとするマスコミの大勢は、「二大政党政治」を歓迎していたが、イギリスのような政権交代は起こらなかった。

　この年、山川は左派社会党の学校であった労働大学の講義用のノートをもとにして『社会主義への道』を書いている。日本における労働者の運動の発展、その発展のなかでの労働者階級の政党について、教科書風にまとめたものである。その「はしがき」に、「この本のなかで『社会党』といったのは、とくに日本社会党と名ざししたばあいのほかは、特定の党をさしたものではなく、『社会党』という名の政党一般のことである。社会党という名の政党がすべて社会主義政党なのではない。自由党という名の、国民の自由をふみにじることのすきな政党もあり、民主党という名の、民主主義がなによりきらいな政党もあるように。」と書いている。

　当時の情勢では、社会党自体がまだ不安定な存在だと見られていたから、見本になるような労働者階級の政党として、社会党について書くわけにいかないという事情もあったのは確かである。しかしそれだけでなく山川には、日本の労働者階級の党が社会党という形で存在するのは過渡的な姿であり、発展の過程で別の姿、形をとるかもしれないという考えも含まれていると、私には考えられる。その後、数十年たって現在は、山川が構想した姿ともずいぶん違った党が存在しているが。

4　これからも全無産勢力の連携、結集を

　その後数十年の、日本における労働者の運動、社会党を含む労働者の党の歴史は省略するが、現在の時点で、山川が考えた「労働階級の政党」をどうとらえるかについて、私の考えを、若干、述べておきたい。

　1990年、91年のソ連・東欧社会主義諸国家の崩壊を契機に、世界の社会主義運動は長期低落の過程に入った。それまでにソ連批判を強くしていた党派も、していなかった党派も、勢力・影響力が縮小した。社会主義運動の基盤そのものが崩れていたので、多少の努力では体制の建て直しは不可能であった。

　どの党派にも、新規加入者がほとんどない状態が続き、構成員の減少、その高齢化は避けられなかった。そういうときには内部対立も険しくなり、分裂・再分裂が繰り返された。山川流の表現をすれば、どこも「あっちの党派に負けた」のではないが、私の言い方では「独占資本に負けた」のである。「国家権力に負けた」という人もいるだろうし、「アメリカ帝国主義に負けた」という人もいるだろう。要するに、権力に挑戦する前に、ズタズタに崩されてしまったのである。負けるには、その理由がある。その理由を解明して、弱点を補強し、再度挑戦するか、すべてをあきらめるか、それぞれが決めなければならない。

　ところが、左翼の組織で、そういう深刻な総括をしたところは少ない。党派が分解してしまって個人の立場に立つと、かなり問題点をえぐって、総括する場合が多い。しかし、少数になっても党派が残っていると、なかなかそれが難しい。たとえば、ある組織の委員長と副委

員長が、協力して運動をリードしてきて、どちらかが、今年の大会でその運動について深刻な反省の必要性を感じた場合、もう一人も同じ反省をしていればよいが、そうでなければその点について発言すると同僚を批判することになる。たいがいの場合、それは避けたいから、当たり障りのない表現になる。多くの組織の大会議案は、そういう当たり障りのない表現の連続である。問題点の指摘も、必要な転換への問題提起も、不鮮明である。そういう文書を書いておいて、若者を惹きつけようとしても成功するはずがない。

　もう一つ、若者たちに不評なのは、左翼のなかにいまだに色濃く残っているセクショナリズムである。この社会主義理論学会の皆さんには、詳しく言う必要はないと思う。ある者が、Aという党派のBさんと協力関係ができると、Cという党派のDさんには口をきいてもらえない関係になるというようなことが、いまだにおこっている。そういう事態に陥るのを避けたい若者は、どちらとも距離を置いた関係になろうとする。「一色に染まりたくない」と言う。その他、いろいろ原因はあろうが、ともかく党派には、若いメンバーが増えない。

　このところ、先進資本主義と言われる国々の経済・政治は、どこも不調であり、先行きの見通しも暗い。テーマが違うので詳しくは言わないが、私は、冷戦時代に力を発揮した国家、組織はほとんどが制度疲労していて、寿命が近づいていると考えている。日本の「五五年体制」を構成していた自民党、官僚機構、独占資本の諸組織も、大きな変革が求められているのである。その大きな変革を経て、日本が社会主義に向かうかどうかは、まだ不明である。しかし、破局を回避するためには、何らかの変革に至らざるを得ないのは、明らかである。その変革を担えるような労働者の政党ができるかどうかは別として。

　現在、社会主義協会は、民主党、社民党、新社会党、及び政党所属

なしと、四つに分かれている。1996年の社会党分裂、98年の社会主義協会分裂を経て、こうなってしまったのである。われわれは70〜80年代の運動の反省により、「フラクション的な活動」を強く否定し、理論活動だけで生き残ろうとした。いろいろな意見があったが、大まかに言うと、新社会党に行った人の大部分は「理論研究集団としての社会主義協会」という協会の在り方にも不満で、組織を割った（現在『科学的社会主義』を発行）。残った人は、政党所属は違っても、学習・研究会は一緒にやっている。そういう構図を見て「君らは将来に備えて各党に人の配置をしているのか、大したもんだ。」とほめてくれた人もいたが、成り行きとしてこうなっただけで、褒められるような状態ではない。しかし結果としてこうなっている以上、この条件を生かして、将来は「大同団結」（そこまで行かなければ、せめて「大同連携」ぐらい）を実現するように、意識的に働き掛けたいという気持ちはある。

　といっても、これまでの左翼の欠点はなかなか治らないだろうから、当面は、共通の基盤を厚くすることだと私は考えている。山川均がかつて唱えたように、「全無産者（労働者、農民、零細経営者）の政治運動を統一」できれば良いが、少なくとも連携して、協力関係を維持して、共通の支持層を厚くすることである。共産党も、友愛会（旧民社党系の集団）も、グリーンの諸組織も含めた連携ができるようにしたい。そんなことは不可能だという人もいるだろうが、09年の政権交代を目指す選挙では、かつて激しく対立した旧総評左派の労組と、全繊同盟をはじめとする友愛会系の労組が協力した。民主・社民・国民新党の三党合意ができた後は、雰囲気としては、自民・公明・財界・官僚以外のすべての政治勢力が、協力的であった。その協力的な関係は、形が定まっていなかったし、すぐに壊れてしまったが、一時期でも出

来たということは、これからも可能性があるということである。

第3部　社会主義の新たな可能性

第8章　ベーシックインカムと資本主義、社会主義

紅林　進

1　ベーシックインカムとは

　近年、日本でも「ベーシックインカム」ということが注目されだした。欧米では200年ほど前から萌芽的に主張され、米国では1960年代の福祉権運動やフェミニズム運動の中でも主張され、公民権運動のキング牧師も主張したが、日本でも昨年2010年3月に「ベーシックインカム日本ネットワーク」（BIJN）[1]が結成されるなど、ようやく注目されだした。

　「ベーシックインカム」とは、すべての個人に、生存（単なる「生存」ではなく、「人間的な生活」）するに足る所得を、個人単位で、定期的に、他の収入・所得・資産や就労の有無に関係なく、審査なしで、無条件、普遍的に現金給付をしようというものである。（人によって多少定義の仕方は異なる）「基本所得」とか、「基礎所得」などと訳されることもあるが、日本語の定着した訳語がないため、「ベーシックインカム」とカタカナ英語で呼ばれることが多い。以下、本稿では「ベーシックインカム」をBIと略記する。村岡到氏は生存権を保障・実現する所得ということを明確にするために「生存権所得」という用語を用いている。[2]

　また「生存（生活）するに足る所得」という意味では厳密な意味で

のBIとは言えないものの、より低額の給付をする部分的BIも広義のBIに含められることがあるが、完全なBI実現のための過渡的形態としては意味があっても、それでBIが実現されたかのように、あるいはその代替物と考えるのは誤りである。なおトニー・フィッツパトリックはその著書『自由と保障　ベーシック・インカム論争』[3]の中で、無条件に給付され、それだけで生活するに充分な額のものを完全BI、無条件に給付されるものの、生活するに充分な額ではなく、他の給付、稼得、所得源によって補われる必要があるものを部分BI、これら2つの形態のBIに至る過渡的な形態のものを過渡的BIと分類している。

　BIの起源については、一定額の収入源を保障するという意味では、古代中国の均田制や古代日本の班田収授制まで遡れるという意見もあろうが、そこまで遡ることの当否はさておき、18世紀ころには、BI的な構想が語られるようになる。イギリスからアメリカに移住して、アメリカ独立期に活躍した18世紀の社会思想家トーマス・ペインは、その著書『土地配分の正義』[4]で、耕作された土地の所有者から基礎地代を徴収し、それを基に国民基金を作って、そこから社会の成員に21歳の時点で15ポンドを、そして50歳以降は毎年10ポンドづつを給付する構想を描いている。また伊藤誠氏によると、19世紀後半のアメリカの社会派作家エドワード・ベラミーは、その代表作『顧みれば』[5]で、私企業に代わり、国家があらゆる財の唯一の生産者となった未来（2000年）のアメリカをユートピア社会として描き、そこでは毎年、国民の生産のうちの各人の分け前に相当するクレジットが公の帳簿に記入されるとともに、各人にそれに対応するクレジット・カードが発行され、それによってショッピングモールのような店で、何でもほしいものをいつでもほしいときに買い、共同体社会の公営倉庫から敏速

に配達されるしくみを予想しつつ記述しているとのこと。そしてそれは事実上、完全 BI を実現する構想として提示されているとのことである。このベラミーの構想は、村岡到氏の提唱する「生活カード」構想とも類似しているように私には思われる。
(6)

＜ベーシックインカム論が注目される背景＞

ここで近年、BI が注目されるようになった背景について触れたいと思う。従来のケインズ主義と社会民主主義的政策を基盤とした福祉国家型の社会保障制度は先進資本主義諸国における経済成長の鈍化と財政赤字という面からも行き詰まった。それに対して、民衆の運動の側からも、社会保障を削減しようとする新自由主義の側からも様々な要求や対案が出されたが、そのひとつが、所得や就労に関係なく、人々に一定額を一律に配布しようとする BI の考え方である。

2　ベーシックインカムの意義と限界

一部では BI が実現されれば、すべての問題がバラ色に解決されるような論調も見られるが、その意義とともにその限界も押さえておくことが必要である。

＜BI の意義、利点＞

すべての人々に生存権を保障するものとして、それに必要な収入・所得を普遍的に保証するという意味では、BI は必要だと私は考える。
①何よりも絶対的貧困を解消することになる。失業したり、働けないために、飢えたり、ひもじい思いをすることがなくなる。またその不安感を緩和する。完全 BI はもちろんのこと、部分的 BI であ

っても、貧困緩和とその不安緩和には役立つ。
②資本や経営に対して、労働者の立場や発言力を高める。たとえ部分的なBIでも、一定の収入が保証されていれば、資本の無理な要求に対して、言いなりにならず、屈しない余裕ができ、労働者の交渉力を高める。
③取り分け危険・汚い・きついの3K職場や低賃金・労働条件の悪い職場や職種は労働者が集まらなくなるため、その改善に役立つ。
④賃労働・雇用労働以外の働き方を可能にする。労働者協同組合（ワーカーズコープ、ワーカーズコレクティブ）などの協同労働やNPO、NGOなどでの非営利活動を容易にし、人々にその選択肢を広げる。またボランティア活動や芸術・表現活動に割ける時間と経済的余裕を拡大し、活発化させる。
⑤BIは「生活保護」等のように受給者にスティグマを与えるのではなく、また「資格審査」の名の下のハラスメントや人権侵害を防ぐためにも、生存・生活するための当然の権理として、誰でも普遍的に生存・生活のための「所得」が保証される。
⑥生活保護のように一定額の収入を超えると給付額を打ち切られたり制限されるということがないため、そのための労働意欲を阻害しない。(7)
⑦BIは個人個人に、一定の所得を保証するため、一家の稼ぎ手（多くの場合夫や親であることが多い）に他の家族成員が経済的、精神的に従属することを防ぎ、その自立と対等性を促進する。
⑧個々人や家族の生活スタイルやライフサイクルに合わせて、仕事や家事、学業、余暇などの多様なワーク・ライフ・バランスを選択することが可能になる。
⑨行政にとっては、「資力調査」等の必要がなくなるため、そのため

の行政コストや管理コスト、人員を削減できる。

<BIの限界>
①BIはあくまで分配論であり、生産の在り方、生産手段の所有問題を問題にしていない。
②従ってBIのみでは資本主義的生産関係とそれに基づく搾取と収奪、格差と相対的貧困はなくならない。
③現金給付という面での形式的に平等な給付は行われるものの、個々人の必要に応じた実質的に平等な給付（現物給付やサービス給付を含む）は、このBIのみでは行われない。
④あらゆる給付を貨幣による給付に置き換え、社会保障制度の市場経済化を推し進めるという側面も持っている。

なお「働かざる者食うべからず」という価値観や倫理観から、あるいはBIは人々から労働へのインセンティブを奪うという観点から、BIを批判する人々も多いが、私は生存権はあくまで保障されるべきだと考え、そういう観点はとらないので、それらはここではBIの限界には挙げない。

3　資本主義にとってのベーシックインカム

では次に資本主義にとってのBIの意味を考えてみよう。

<労働力商品化を脅かす完全BI>
BI自体は、分配論であって、生産関係を問題にしていないので、理念的にはどのような生産関係とも接合しうる。とはいえ現実には生産論と分配論は非常に密接に関連するのであり、その持つ意味は双方

にとって非常に大きい。マルクス主義の立場から言えば、生産関係が分配を決定するのであり、その逆ではない。ただし普通選挙制に基づく民主主義社会にあっては、生産や分配の在り方をすべて資本の意向のままに決められうるものではなく、生産関係においても、分配関係においても、世論と運動の力によって変革しうる。

　ところで資本主義は、労働力の商品化の上に成り立っている。労働者から生産手段を奪い、資本の下に行って働く以外、生きてゆけないから、労働者は資本の下で賃労働に従事するのである。生存・生活するに足るだけの完全BIが給付されるならば、誰も好き好んで資本の下で賃労働に従事する必要はなくなるのである。そうなれば、資本は労働力を確保できなくなり、剰余労働・剰余価値の搾取もできなくなり、資本制生産自体が成り立たなくなる。

　ここに資本家や資本主義経済体制の擁護者たちがBIに反対する原理的根源があり、それは労働者や民衆の間にも根強い「働かざる者食うべからず」という倫理観や価値観ともあいまって、BIへの強力な反対論を形成する。

　このことは真に生存権を保障するに足るだけの完全BIの実施は、資本主義の労働力商品化の前提を崩すことであり、資本主義の存立そのものを脅かすことになり、資本主義にとって絶対受け入れがたいものである。だからこそ資本主義を批判し、追い詰めるものとしてのBI要求運動は運動論的には意味はある。

＜完全BIが実現すれば、資本主義は自動的に崩壊するか？＞

　それでは完全BIが実現すれば、資本主義は労働力を確保できなくなり、自動的に崩壊するかというと、そう単純ではない。

　資本主義を過大評価するのも誤りであるが、資本主義の適応力、柔

軟性、しぶとさを過小評価したり軽視するのも同じく誤りである。

　資本主義はロシア革命に始まる「社会主義」の脅威に対応して、「福祉」や「社会保障」、計画経済的要素も取り入れて、変容してきた。金本位制も放棄して、管理通貨制に移行した。自らの延命と利潤の確保のためには、あらゆる譲歩や変容をも厭わないのである。もっともソ連崩壊後の新自由主義の台頭に見られるように、その脅威と圧力がなくなれば絶えず資本主義本来の強欲な市場原理主義に戻ろうとするが。

　生産手段の私的所有という資本主義経済体制そのものが変革されない限り、生産手段を所有しているのは、資本家や資本（取り分け大資本）であり、小さな自営業やサービス業、そしてSOHO（Small Office/Home Office）と言われるような資本力をあまり必要としない部門などは別として、大工場や大規模な運輸、流通などの部門では、そこで働こうと思えば、それら生産手段を所有している大資本の下で働かざるを得ない。人々は生活が保障されたからといって、皆が働かなくなるわけではなく、働き甲斐、社会への参加や承認を求めて、多くの人々は働くものである。しかし生産手段の私的所有の下では、生活が保障されたからといって生産手段を持っていない多くの人々は、依然、生産手段を所有する資本の下で働くほかないのである。その意味では、一定の収入・所得が保証されたとしても、生産手段の私的所有が続く限り、労働力の商品化＝賃労働は依然続くのである。もちろん資本の専横は大きく制約され、より労働者の発言権が増すという意味では、一定の所得が公的に保証されることの意味は大きいが。

＜新自由主義とも親和的な部分的BI＞

　完全BIは、資本制生産の根幹である労働力の商品化そのものを脅

かすため、資本主義にとって受け入れがたいものであるが、その支給額では生活できず、結局、資本の下で働く以外なくなる、部分的BIであれば、資本は、その分、賃金を切り下げることも可能となり、また社会保険料等の企業負担を切り捨てることが可能となり、その意味で部分的BIを積極的に主張している資本家・経営者や経済学者もいる。また社会保障費削減のためにこの部分的BIを利用しようとする新自由主義者やリバタリアンも少なからずいる。ミルトン・フリードマンらの新自由主義者やリバタリアンたちもBIを主張しているし、ヨーロッパ有数のドラッグストアーチェーン「デーエム」の経営者ゲッツ・ヴェルナーも資本家・経営者の立場からBIの導入を積極的に主張している。最近では堀江貴文氏さえ、BIを主張している。

　彼らの意図は生存権を保障するに足るに充分な額のBIではなく、わずかな額の部分的なBI（1962年に「負の所得税」を提唱したフリードマンは、1968年にサミュエルソンやトービンら全米約1200人の経済学者が、「負の所得税」を含む広義のBIのような政策を導入すべきという声明を出したとき、フリードマンは提示されている支給額が大きすぎると言って署名に参加しなかったとのこと）で、それによって社会保障費用を縮小・切捨て、企業の社会保険料負担を肩代わり・撤廃させようとする。そしてさらには賃下げを狙った、あくまで資本の側に都合のよい主張なのである。BIには、新自由主義とも親和的な側面もあることは忘れてはならない。先にも確認したように、労働力の再生産に必要な所得がBIで賄われるとすると、労働力を再生産するに足る賃金という意味では、資本の側は、その分、賃金を引き下げることも可能になる。またBIが保障されているということを口実に需給や企業の都合に合わせて解雇を自由に行おうとする。また非正規化促進のための口実にも使われうる。（但し生活がある程度保障された上でのパートタイム労働、

同一労働同一賃金を保障した上でのパートタイム労働などは、現状の非正規雇用と異なり、労働者にとっても必ずしもマイナス面ばかりではないが）

　もっとも賃金は労働力の再生産費によって自動的に決まるものではなく、労働力に対する需給関係によっても左右され、そして労働者と資本の側との力関係、闘争によって左右されるので、この資本の側の目論見が実現するかどうかは、需給関係や労働者の闘争や圧力そして社会の側が資本をいかに規制するかにかかっている。

＜労働の人間化や３Ｋ仕事などの改善にはプラス＞

　このようにBIの導入はそれだけでは剰余労働の搾取や格差をなくすものではないが、しかしその場合でも、BIで、人々が生活するに充分な所得が保証されていれば、人々の嫌がる、３Ｋ労働の仕事などは、労働力の確保が困難になる。（それは私的企業のみならず、公有企業や協同組合企業でも同様）従ってそれでも人員を確保しようと思えば、その仕事の賃金を上げざるを得なくなる。また福利厚生などでもそれなりに配慮せざるを得なくなる。またそれら仕事の機械化や危険や苦痛を減らし、人間らしい労働に近づける努力もせざるを得なくなる。あるいは単なる賃金や福利厚生の改善だけでなく、職場民主主義や現場労働者の発言権の向上、さらには労使共同決定などの経営に対する参加や規制につなげてゆける契機にもなり得る。これらのことは部分的BIであっても、それが導入された場合の大きな利点、意義の重要な柱である。（もっとも３Ｋ労働を外国人労働者に、それも低賃金でやらせようとする方向に向かうことは警戒しなければならない。実際EU諸国ではそれが広範囲に行われてきた。）

　また賃金の高低のみならず、企業の社会的評判も就職にあたっての企業選択の重要な要素であり、環境に悪影響を与えている企業や社会

171

的に批判を受けている企業は人材の確保が困難になる。軍需企業や原発産業などもそれに対する批判が高まれば、同じような影響を受ける。企業は製品販売のみならず、人材確保という観点からもCSR（企業の社会的責任）により注意を払う必要に迫られる。

　また何も資本の下で搾取されながら働く必要がなくなる（ただし主要な生産手段は依然、大資本に独占されていることは忘れてはならない）ので、自分たちで社会的企業や協同組合企業を起こしたり、NGO、NPOなどの社会的活動に励むことも可能になる。また芸術活動や自己実現型の労働や表現もよりしやすくなる。芸術家にとっての作品創作が喜びや楽しみであるように、自己の本当にしたい仕事・労働を追求することもよりしやすくなる。（私は「労働」が喜びになるように社会全体の「労働」の在り方を変革して行くべきだと考える。）ここにBIが実現した場合のもうひとつの非常に重要な意義がある。

　そしてたとえ部分的なBIであったとしても、そのことにより労働者の側に資本に全面的に縛られない多少の余裕が生まれるならば、労働者自身を縛っている「賃金奴隷」の意識から労働者自らが脱却し、賃労働・資本関係を変革しようという意識を目覚めさせるきっかけともなる。

4　社会主義とベーシックインカム

　「社会主義」といっても人によってその定義や意味するところは違うであろうが、私は生産手段の社会的所有の下に行われる、平等で民主的な、生産・分配の経済・社会システムを考えている。そして私自身はマルクスの考え方を基にしている。従って以下の考察もその観点からである。

＜BI のみでは、搾取や格差自体をなくすことはできない＞

BI はあくまで分配論であり、それ自体で生産関係を変えるものではない。労働力の商品化と生産手段の私的所有に基づく資本制生産自体を変革しない限り、剰余労働・剰余価値の搾取と賃金格差をはじめとする経済格差はなくならない。部分的 BI であっても、BI を導入すれば、絶対的貧困は解消ないし緩和されるものの、相対的貧困はなくならず、絶えず再生産される。BI のみで搾取や格差がなくなると考えるのは誤りである。

分配面の保障にとどまらず、生産関係、生産手段の所有関係の変革の問題につなげてゆくべきである。

とは言え、先にも見たように、完全 BI の導入は労働力の商品化を根本的に脅かすものであり、部分的 BI であっても、労働力商品化や賃金の在り方に大きな影響を与える。その意味で、労働力商品化、資本制生産の基礎を突き崩すものとして、BI 実現要求の運動は運動論的には意味がある。同時に部分的 BI が賃金や社会保障水準の切り下げに利用されないように注意することも必要である。

なおマルクス主義では、まず生産関係があり、それに基づき分配関係が決定される訳であるが、今日の社会では、資本の運動のみによって、経済や社会の在り方が決定されるのでなく、労働運動や議会を通した法規制や政策によっても分配関係は影響を受けるが、それでも生産関係とそれに基づいた賃金制度が基底にあることには変わりない。

＜形式的平等と実質的平等＞

低所得者に限定する生活保護等の社会保障給付や所得制限を設ける給付と異なり、所得や資産に関係なく、一律に給付する BI は、確か

に、給付額という面では「平等」であるものの、それとは別に、資本制生産の下にあっては、生産手段の私的所有と労働力商品化自体は存続しているので、賃金格差や資産格差自体は厳然と存在しており、BIの公的給付という面では、「平等」であっても、所得や収入、資産の格差はそのまま残り、収入や資産自体の「平等」は決して保障されていない。

またBI給付の「形式的平等」は重要であるが、但しそれは「実質的平等」を必ずしも意味しないということである。障害を持った人はそれを補い、克服するために必要なものが生じる。老人が若者に比べて医療費がかかるのは当然かつ「必要なこと」である。「後期高齢者」などと称してそれを切り捨てるのではなく、それを「必要」と認めて社会全体で負担することこそが必要なのである。つまり「形式的平等」にとどまったのでは、真の平等は実現されないのであり、さらに「実質的平等」を保障する制度も併せて用意されるべきなのである。

＜労働に応じた分配、必要に応じた分配＞

マルクスは『ゴータ綱領批判』において、「共産主義の低次の段階では、各人は能力に応じて働き、労働に応じて受け取り、共産主義の高次の段階では、各人は能力に応じて働き、必要に応じて受け取る」[11]と書いた。マルクスは『資本論』をはじめ、資本主義そのものの分析に主力を注ぎ、実現されるべき社会主義、共産主義社会の具体像、青写真を描くことには禁欲的であったが、ここは実現されるべき共産主義社会の具体像、それも分配面の原則について具体的に書いた数少ない箇所である。

マルクスはここでは「社会主義社会」という用語は使っていないが、旧ソ連などでは、「共産主義の低次段階」を「社会主義社会」、「共産

主義の高次段階」を「共産主義社会」と称した。私自身は、共産主義社会の分配原則を二段階論的に高次と低次に機械的に二分することには反対で、労働に応じた分配から、徐々に必要に応じた分配の比率を拡大して行くべきだと考えるが、真の実質的平等を達成するためには、「必要に応じた分配」が必要だと考える点では、マルクスの究極目標を共有する。なおこの「必要に応じた分配」は、現在の資本主義社会でも、一部導入されている。日本などで実現している公的医療保険制度などはその例であり、また家族内などの共同体内では、これまでも「必要に応じた分配」が行われてきた。

ところでBIは「労働」と「分配」を切り離す訳であるから、「労働に応じた分配」ではない。一方、一定一律の分配という意味では「必要に応じた分配」でもない。「形式的平等」であっても、それだけで「実質的平等」を達成する訳でもない。

なお資本制的生産と分配、資本・賃労働関係を廃止しないで、BIの導入のみでは、たとえそれが完全BIを達成（前述したように資本制生産の下においては完全BIの達成は困難なのであるが）したとしても、賃金や資産による格差、それに基づく所得格差は残るのであり、所得の平等すら達成されないことも忘れてはならない。

私は二段階論的に分けるかどうかは別にしても、資本主義から社会主義に移行した初期の段階においては、かなりの長期にわたって労働に応じた分配が残ることは避けられないと思う。しかしそれは可能なところから、徐々に目的意識的に必要に応じた分配に移行させてゆくべきであると考える。

資本の論理からは、賃金を切り下げ、剰余価値の搾取を増大させようという衝動は絶えず働くが、労働者の生存権を権理として積極的に認めようとは決してしない。「生存権」、そのための具体的な所得保障

は労働者・民衆の闘いによって勝ち取るしかないものである。

　社会主義は、先ずもってこの生存権、単に生存するに充分なだけでなく、人間たるにふさわしい生活をできるだけの所得を保証するものでなければならない。その意味で、社会主義社会においては、BIは基礎的に保障され、その上で、「労働に応じた分配」や「必要に応じた分配」がなされるべきである。完全BIは、資本主義の下ではその実現は困難であるが、社会主義社会の下でこそ、その実現が可能になる。[13]

　もちろん社会主義・共産主義社会においては、私はBIにとどまることなく、「必要に応じた分配」「実質的な平等」にまで進むべきであると思うが、生存権を保障するという意味で、最低限BIが基礎にあることは押さえておく必要がある。

　なお社会主義・共産主義の社会にあっては、蓄財機能を主要な要素とする資本主義的貨幣は廃止されるべきであるが、配給などの「現物給付」ではなく、一定額の消費財やサービスを自己の自由選択により受けられるという意味での「現金給付」の利点（消費における自由選択権）はあり、社会主義社会においても貨幣のその機能（マルクス経済学者の伊藤誠氏は「社会主義的貨幣」[14]という言い方もする）は残ると私は考える。あるいは村岡到氏の言う「生活カード」による消費選択の自由を確保した消費財やサービスの引き換え手段、あるいは冒頭に紹介したエドワード・ベラミーが『顧みれば』で描いた、社会主義的生産を基礎とした上での「クレジット・カード」による「現金給付」は社会主義社会においても必要と考える。

　　＜BIと労働の在り方＞
　マルクス主義において「労働」の在り方は重要な位置を占める。し

かしBIは「労働」の問題を切り離してしまって、直接問題にしない。「労働に応じた分配」のように「労働」と「分配」を直接結びつけることがよいかどうかは議論が分かれようが、私自身は資本主義から誕生したばかりの社会主義社会の初期においては、「労働に応じた分配」も避けられないと思う。一方、労働できない人々に対する分配の必要性はマルクスも述べている(15)が、社会主義社会では、「労働」の問題以前に最低限、生存権を保障するシステムは必要であろう。資本主義社会の現在でさえ、日本国憲法に生存権の規定があるように、人間たるもの、単に生存のみならず、人間的な生活をするに足る所得は最低限保証されるべきであろう。

但しBIが「労働」と「分配」を切り離してしまったが故に、「労働」の問題を軽視したり、労働の在り方を人間解放の根幹に位置づけるマルクス主義の考え方を疎かにすることになってしまってはならない。マルクスは、「労働の疎外」を重視し、その解放を訴えた。(16)人間の解放は労働を「苦痛」として、それからの逃避から生まれるのではない。確かに資本制の下における「賃労働」は「疎外された労働」であり、労働者にとって「苦痛」を伴うものである。マルクス自身も労働時間を短縮して、自由な余暇の時間を拡大することが重要だと指摘した箇所はある。(17)確かに労働時間の短縮は必要である。しかし同時に労働自体を労働する者にとって有意義なものとし、労働を通した「自己実現」につなげてゆけるような労働の在り方、生産、経済の在り方が追求されるべきである。マルクスは労働自体が「第一の欲求」(18)、楽しみとなる社会をめざしていた。芸術家の創作活動は、それ自体が「第一の欲求」であり、楽しみである。趣味の活動もそういう側面を有している。スポーツもたとえ苦痛が伴ったとしても、自らそれを欲するから行うものである。労働や活動の楽しみ、喜び、やりがいは、単に快苦では

177

なく、仲間との協力や協働、交流・コミュニケーション、自己にとっての満足感など多様な要素を含む。すべての労働が労苦を伴わない、楽しいものになるとは考えられないが、労働の在り方をより人間化し、社会全体でそれに近づけてゆくことは必要である。

そして現実の資本主義社会におけるBI実現の要求も、現実の労働の在り方の変革、生産関係の変革と切り離して運動するならば、労働現場、生産点、職場における闘いと切り離して考えるならば、労働現場での労働者の団結・連帯、闘いにつながらないであろう。むしろ労働現場での仲間との連帯や闘いを放棄し、労働者個々人が階級意識を失って、アトム化する危険もある。BIがあるからということで、その職場に留まっての労働条件の改善に取り組むのではなく、簡単にその職場を辞めて、他の職場に移ってしまうことにもなりかねない。

5　ベーシックインカム要求運動を資本主義変革のためにいかに活用するか

＜生存権保障、社会保障拡充のための運動として＞

日本国憲法では、第25条1項において「すべて国民は、健康で文化的な最低限度の生活を営む権利を有する。」と生存権の規定を定めているが、その実態は生存権の保障には程遠いものであり、生活保護ですら、その本来対象になる人々をカバーしておらず、生活保護費以下で生活するワーキングプアーも大量に生み出されている現状である。しかもこの生活保護の申請に当たっては、きわめて差別的なこと、ハラスメントも少なからず行われている。この生活保護の拡充のための闘い、その予算措置や職員の人員拡大の要求は必要であるが、「生活保護」という、低所得者に対し、その「資力調査」の名の下にハラス

メントやその受給に伴うスティグマを与えることをなくすためには、所得に関係なく、一律、普遍的に支給する BI が政策要求の選択肢となりうる。

但しその場合に必ず問題になるのが、財源であり、働かない者、所得のある者にどうして一律に支給する必要があるのかという議論である。この間の「子ども手当」の議論でもこの財源と所得の問題は大きな議論になった。また「子ども手当」については、現金給付か保育所など現物給付の充実・拡充かといった議論もなされた。「子ども手当」の議論は、そのまま BI の是非の議論につながる問題でもある。(「子ども手当」については、「働かない者」ということは問題になりようがないが、「生活保護」に代わる BI ではこの問題も大きな論点となる。)

確かに財源は大きな問題で、累進所得税の累進強化や資産課税の強化などの抜本的税制改革をしないと、現在の大企業・金持ち優遇税制の下では、BI(「子ども手当」のような部分的 BI であれ)捻出の財源は厳しい。その財源を逆進性を伴う消費税に求めるならば、まさに低所得者を直撃する。食料品や生活必需品の非課税や低率化した上での消費税増税なども議論されているが、そのような煩瑣なことよりも、所得再分配機能を強化した累進所得税や資産課税で財源を捻出すべきである。[19]

但し抜本的税制改革が行えない現状では、BI や「子ども手当」の所得制限、一律現金給付にこだわることなく、生存権と労働者・民衆の生活保障を具体的に勝ち取ってゆくことが必要だと思う。

＜労働力商品化廃絶につなげるための闘いとして＞

先に見たように、BI には資本制生産の根幹である労働力商品化を脅かす側面を持っている。従って完全 BI は資本主義の下では、事実

上不可能に近いが、それだからこそ、生存権要求の運動として、それを要求してゆくことは資本主義批判としても、そのための運動論としても意義がある。

　一方部分的 BI は、資本制生産の擁護者や一部の資本家や経営者の中にもそれを主張する人々はおり、その部分的実施は可能だと思うが、同時にそれが賃金切り下げや企業の社会保険負担や政府の社会保障費の削減に利用されないように注意・警戒する必要はある。

　しかしそのことを警戒・制止した上で、部分的 BI でもそれが実現されれば、労働者の資本に対する発言力・交渉力を高め、資本や企業に頼らない働き方、生き方をよりしやすくする側面は重要である。資本に雇われての雇用労働・賃労働ではなく、仲間と共に協働労働で、仕事を作り出し、生産してゆく労働者協同組合（ワーカーズコープ、ワーカーズコレクティブ）やNPO、NGOでの活動もよりしやすくなる。それは労働者個々人に資本に頼らなくても生活できるのだ、働けるのだという意識と自信を付け、資本制生産自体を変革する、主体的条件を作り出す基盤ともなる。（直接、資本制生産の変革まで意識しないとしても、その基盤は作り出す。）[20] ここに BI 要求運動と、たとえ部分的であったとしても BI 的要素の拡大・実現化の意義がある。

──注
（1）詳細は同ネットワークのホームページ参照。http://basicincome.gr.jp/
（2）村岡到氏の下記著書参照。『生存権所得─憲法168（イロハ）条を活かす』（社会評論社、2009年）、『ベーシックインカムで大転換』ロゴス、2010年）、『ベーシックインカムの可能性』（ロゴス、2011年）。
（3）Tony Fitzpatrick, *Freedom and Security: An Introduction to the Basic Income Debate*, Macmillan Press, 1999. トニー・フィッツパトリック著

（武川正吾・菊池英明訳）『自由と保障：ベーシックインカム論争』（勁草書房、2005年）。

（4）Thomas Pain, *Agrarian Justice*, 1795-96. トーマス・ペイン『土地配分の正義』（T. スペンス［ほか］著　四野宮三郎訳『近代土地改革思想の源流』、御茶の水書房、1982年、所収）。

（5）Edward Bellamy, *Looking Backward 2000-1887*, 1888. エドワード・ベラミー著、山本政喜訳『顧みれば―2000年より1887年をかえりみる』（岩波文庫、1953年）。

（6）村岡到著「〈生存権〉と〈生活カード制〉の構想」（村岡到著『協議型社会主義の模索―新左翼体験とソ連邦の崩壊を経て』、社会評論社、1999年、所収）参照。

（7）働いて収入を得て、一定額の収入を超えると給付を打ち切られたり制限されるため、かえって就労意欲を阻害する状態や矛盾を「貧困の罠」と呼ぶ。

（8）英語の「Small Office Home Office」の略称で、小さな事務所や自宅を仕事場とし、情報通信ネットワークを駆使しながら事業を行う小事業者を指す。

（9）Götz Wolfgang Wernerはヨーロッパ有数のドラッグストア・チェーン「デーエム」の創業者。BIの導入を主張し、その財源は、所得税を段階的に廃止して、それに代わる「消費税」としての付加価値税に求める。*Ein Grund für die Zukunft: Das Grundeinkommen*, Stuttgart: Freies Geistesleben, 2007.（邦訳書、渡辺一男訳『ベーシックインカム――基本所得のある社会へ』、現代書館、2007年）、*Einkommen für alle: der dm-Chef über die Machbarkeit das bedingungslosen Grundeinkommens*, Luebbe Verlagsgruppe, 2008.（邦訳書、渡辺一男訳『すべての人にベーシック・インカムを』、現代書館、2009年）などの著作があり邦訳されている。

（10）所得金額が一定額以下の人々に対しては、課税ではなく、給付を行う所得税の方式。ジュリエット・ライス＝ウィリアムスやミルトン・フリードマンらが提唱。米国の一部の地域で導入されたことがある。

（11）「必要に応じて受け取る」を「欲望に応じて受け取る」と訳す人もいるが、

私は「必要に応じて」と訳す方が適切だと考える。
(12) 村岡到氏は現在、一般に使われている「権利」ではなく、「権理」と表記した方がよいと主張しているが、私も「権理」の方が適切だと考える。「権理」は単に自己の利害だけでなく、「理」（ことわり、道理）の主張でもある。ヨーロッパの原語でも、ラテン語でjus、英語でRight、ドイツ語でRecht、フランス語でdroit、イタリア語でdirittoは、いずれも「正義」をも意味している。
(13) BIの主要な提唱者であり、*Real Freedom for All : What (if Anything) Can Justify Capitalism?*, Oxford University Press, 1995.（邦訳書、後藤玲子・齊藤拓訳『ベーシック・インカムの哲学——すべての人にリアルな自由を』、勁草書房、2009年）などの著作で知られるベルギーの哲学者、政治経済学者フィリップ・ヴァン・パレース（Philippe Van Parijs）（同邦訳書の著者姓表記は、「パリース」）は同書で「すべての人にリアルな自由を」という観点から、資本主義、社会主義、BIの問題を哲学的、規範的に論じている。
(14) 伊藤誠著『現代の社会主義』（講談社学術文庫、1993年）など参照。
(15) マルクスは『ゴータ綱領批判』において、共産主義の低次段階において、社会的総生産物を労働者各人に労働に応じて分配する前に控除されるべきものの一つとして「労働不能な者などのための、要するに、今日のいわゆる公的な貧民救済にあてるための元本」を挙げている。
(16) カール・マルクス『経済学・哲学草稿』ほか。
(17) 『資本論』第3部の三位一体定式を論じた部分の「真の自由の王国が——といっても、それはただ、自己の基礎としての右の必然性の王国の上にのみ開花しうるのであるが——始まる。労働日の短縮が根本条件である。」
(18) マルクスは『ゴータ綱領批判』で「共産主義社会のより高度な段階で、すなわち個人が分業に奴隷的に従属することがなくなり、それとともに精神労働と肉体労働の対立がなくなったのち、労働が単に生活のための手段であるだけでなく、労働そのものが第一の生命欲求となったのち、個人の全面的な発展にともなって、またその生産力も増大し、協同的富のあらゆる泉が一層豊かに沸き出るようになったのち——そのとき初めてブルジョア

的権利の狭い限界を完全に踏みこえることができ、社会はその旗の上にこう書くことができる――各人はその能力に応じて、各人にはその必要に応じて！」と述べた。

(19) 小沢修司氏は勤労所得への一律45％課税に財源を求めて試算しているが、累進性を否定した比例課税の所得税は所得再分配効果を持たず問題である。小沢修司『福祉社会と社会保障改革――ベーシック・インカム構想の新地平――』（高菅出版、2002年）、小沢修司「ベーシック・インカム―ひとつの試算」（『週刊金曜日』2009年3月6日号所収）参照。

(20) 紅林進「社会主義的変革の可能性と困難性」（『プランB』No.23、ロゴス、2009年10月、所収）参照。

第9章　リスクと決定から
　　　　社会主義を語る

　　　　　　　　　　　　　　　　　　松尾　匡

南天南八（以下「**なんぱち**」）　どうしてだ！　まさに資本主義が世界中で行き詰まり、原発事故によって政府財界の反人民性が白日のもとに暴露され、ブルジョワ政治は膨大な被災者の困窮をよそに混迷を極めているこのときに！　虐げられてきた労働者大衆の怒りがついに物質化し、巨大な革命的力となってわき起こるときは今をおいてほかにないこのときに、革命的デモを呼びかけてもこんなガキ一人しかこないのはどうしてだ！

下原千恵（以下「**ちえ**」）　ちょっとお、「ガキ」はないでしょー。これでも大学生なんだから。アイドルもやってお給料もらってるんだから、雀の涙の賃金でこき使われる、れっきとした賃金労働プロレタリアートよー。……全く、「革命」とか言ってるから、さぞかしかっこいい正義の味方が出てくるかと思ったら、見るからに悪役じゃないこのおっさん。太鼓腹で二重あごだし。

なんぱち　見た目で人を判断するとは愚か者め。アイドルなんてどうせブルジョワジーの先兵として大衆を堕落させるだけの存在だろうが。……って、だいたいこんな顔全然見たことないぞ。どうせ売れないB級アイドルだろう。

ちえ　「地下アイドル」って呼んで下さい。「アンダーグラウンド・アイドル」。毎日放課後、地道に「地下活動」に励んでいるんです。…

第3部　社会主義の新たな可能性

　…で、さっき資本主義は世界中で行き詰まったっておっしゃいましたけど、バブルも世界恐慌も今まで何回も起こって、そのたびにいつも「資本主義は行き詰まった」って言われたみたいだけど……。
　なんだかねえ、ひところの「地球環境危機」にしても、太平洋戦争のとき軍部の太鼓持ち知識人が唱えた「近代西洋文明の没落」にしても、みんなトンデモ宗教の「ハルマゲドンが来る」ってのに似てると思うのは私だけ？「君たちは気づいてないかもしれないが、君たちの主観にかかわらず、客観的に滅びに向かってるんだ。賢い我が輩にはわかる。信じる者は救われる」みたいな。

なんぱち　本当にそうなんだから仕方ないだろ。今まではな、貧困だとか過労だとか、あんまり資本主義の弊害がひどくなりすぎたら、福祉を充実させるとか、労働運動認めて労働保護基準高めるとかできた。景気が悪化したら、公共投資とかの景気刺激策とって失業が増えないようにできた。こうやって資本主義の根幹に手を触れなくても、その矛盾の発現を低く抑えることができた。
　でも今はどうだ。先進国はどこも財政赤字がひどくなって、もう福祉支出もできないし景気対策もとれない。増税しても、労働保護基準とか環境基準とか高くなっても、企業の負担になって国際競争力が落ちて、ますます経済が悪化してしまう。福祉国家だの労働保護規制だの言ってきた社会民主主義路線など、しょせんは今まで資本主義の存命を支えてきたしろものにすぎんが、それももはや成り立たなくなってしまったのだ。ワッハッハ。

ちえ　その笑い方やっぱり悪役みたいですけど、で、どうすればいいと。

なんぱち　当然だ。労働者階級が革命に立ち上がって、プロレタリア政権を樹立し、生産手段を国有化して合理的計画で経済運営をする。

ちえ　グチャグチャに経済つぶれますよ。

1　国有指令経済になぜ特権と粛清がつきものか

なんぱち　グチャグチャって……ふふふ、おぬしソ連のことを考えておるな。あれは、スターリンが世界革命を裏切って、一国社会主義建設なんて言い出したからあんなふうになったのだ。やっぱりトロツキーの言う通り「永続革命」じゃないと。

ちえ　その言い方流行りません。今は「終わりなき革命」です。──どんなに辛くて長い戦いとしても　信じ続けりゃいつか叶うんだ♪

なんぱち　♪明けない夜なんかない朝日は昇る……って、何やらせるんじゃ。ともかくだな、ソ連は指導部の特権やら人権抑圧やらがあって、アメリカにつけこまれて負けてしまったんだな。指導部が特権なんか持たず、プロレタリア民主主義に徹すればもっとうまくいったはずだ。

ちえ　あのですね。企業がみんな国のもんだったら、社会に役立つことしたらもうかるとか、ヒトの要らんもん作ったら潰れるとか無いですよね。だから、できるだけ手抜きして、遅刻してぐうたらして、企業の備品私用したりした方がいいってことになります。それさせないためには、当局の望むパフォーマンスをあげなかった人は失脚して人権なんかてんでなしのひどい目にあう。当局の望むパフォーマンスをあげた人は、ご褒美で出世していく。ただ出世するだけでは責任が重くなって、政争に巻き込まれたりもして、粛清されちゃうリスクも高くなるから、出世することの魅力が増すように、出世すればするほどぜいたくができる特権をつけとくわけですね。これでみんな計画当局の望み通りに一生懸命働くようになる。だから、特権と粛清は表裏一

体の飴と鞭。国有中央指令経済がうまくまわるためのとっても合理的な機能だったんです。

なんぱち うーっ小娘の分際で歴戦のつわものに意見するなんて「総括」だぞ。ソ連は列強に包囲された中で、遅れた農業国から工業建設しなければならなかったから、そんな無理してみんな働かせる必要があったかもしれんが、今の日本だったらもうそんな必要はないだろ。適当に気楽に働けばいいから、特権も粛清もなくても大丈夫だ。

2　企業が過剰に生産手段を抱え込んだのが崩壊の原因

ちえ たしかに、スターリンが死んでからは、見境なく大衆を殺したりシベリア送りにしたりはしなくなりましたけどね、そのせいで、ぐうたら働く人がすっかり増えちゃった。でもですね、ソ連型体制が行き詰まったのはそんなことが一番の原因なんじゃないですよー。どんなノルマが降ってきても、適当に超過達成して上から誉められるようにしたいから、企業の経営者は、生産設備とか原材料在庫とか部品在庫とかを、なるべくたくさん抱え込むようになってたんです。経営者が自腹で買うんじゃないし、企業が余計な出費しても国営だから倒産するわけじゃないですしね。どれだけ非効率でも、どんどん買いだめしちゃう。だから、ソ連や東欧では、生産に対する生産手段の量の比率が西側と比べるととんでもなく高かったです。

そうすると、国全体で見て、設備投資に使う機械とか工場とか、原材料やら部品やらの在庫投資する分とか、そんなものを生産するために、人手なんかの生産資源がいっぱいとられちゃって、消費財を作るためにまわす生産資源が少なくなっちゃう。だから、ソ連や東欧では、慢性的に消費財が不足したんです。庶民の不満抑えるために、とりあ

えずお札を作ってお給料は出したから、消費財はいつも需要がオーバー。でも価格は公定で上げられないから、みんな行列つくって根性で待ってやっとこさ消費財ゲットして、お店の棚はいつ見てもガラガラってことになったんですよ。

なんぱち フッフッフ。いやあ俺もノルマ指令するだけじゃうまくいかんとは思ったんだなこれが。消費財なんかの生産では、各国営企業に自主権を与えて、利潤追求するのを認めてやってもいいな。そしたら、消費者のニーズに合った製品の開発とか、生産性を上げるような技術革新が起こるだろ。な。

3　企業自主権と利潤動機だけでは過剰設備投資が起こる

ちえ 新製品の開発とか技術革新投資とかは、やる前には、成功するかどうかわからないですからね。成功するか失敗するかわからないけど、いっぱいいろんな試みを自由にやらせてみてこそ、その中からいいやり方が見つかるってもんです。でも、せっかくやってみて成功したら、もうけを全部国がとっていくっていうんじゃ、誰もそんな不確実なものに手を出さなくなります。だから、成功したときのもうけが企業側に残るようにしないとうまくいかない。南天同志のおっしゃる通りです。

なんぱち でも、企業の所有権はあくまで国にある。この原則はしっかり守らないとな。

ちえ あのですね。今言ったのがうまくいくには、成功したらもうかるってだけじゃだめなんですよ。失敗したら、その新製品とか技術革新とかの導入を決めた人が、自分でその損をかぶらないといけないん

です。そうじゃないと、国が損の穴埋めしてくれたりしたら、どんなクソプロジェクトにもどんどん手をだしていきますから。ひょっとしたら万が一成功するかも、とか思いますからね。

　つまり、新製品開発とか技術革新とかがうまいこと活発に起こってくるためには、こんなことを決める判断を企業経営者の自由にまかせて、政府が口出ししないってことと、その結果、成功した時のもうけも、失敗した時の損も、それを決めた経営者のものってことにしないといけないわけです。しかも、成功も失敗も、任期が終わったらオラ知らねじゃ困るんで、長い影響にまで責任を負ってもらわないといけない。だから、もうけも損も長いことその当人に帰属し続けるってことにしないといけない。

なんぱち　ふむふむ。じゃ、そうすりゃいいじゃないか。

ちえ　……いいんですか!?　これって、要するに、「私有財産」ってことですよ。国有じゃだめで、生産手段は経営判断する本人の私有財産にならないといけない。さっき言った、生産手段をいっぱい抱え込んじゃう問題も同じです。非効率に抱え込みすぎたときの損を経営者にかぶらせないと解決できないわけです。

　実は東ヨーロッパのハンガリーなんかじゃ、ソ連の属国だったときから、中央指令経済じゃうまくいかないってって、どんどん市場経済を取入れていったんですけど、でもやっぱりうまくいかない。結局最後に残ったのは所有権の問題だってわかったんです。

なんぱち　何だおまえは?　見てきたように言うなあ。ほんとに学生なのか。

ちえ　こんな問題リアルタイムですから。私の通ってる私立大学じゃ、190億円も出して新しいキャンパスの土地買ったんですけど、ライバル校のリアクションとか、それで授業料とかどんな影響受けるかとか、

全然シミュレーションしてないし。どんなキャンパスにするかろくに構想もしないで、無茶苦茶甘い収益見通しで先に土地だけ買って。トップの一部の人だけの判断で強行したんだけど、これでコケたらあいつら学園の損かぶってくれるんかい。

　これが株式会社だったら、経営判断間違えたら、オーナーなら株価下がって損する。そうでなくても、株価が下がったら簡単に乗っ取られる。株主代表訴訟も起こる。中小企業なら社長が借金の個人保証してるはずだから自腹で責任とる。

　ところが、学校法人だったら、経営判断間違って損しても、経営者はなんにも損しないじゃないですか。これが創業者なら、まだ自分の私財で作った学校がダメになるってのは自分の痛手になるでしょうけど、ウチのトップは創業者でも何でもないただのサラリーマンなのに、勝手に拡張、拡張って手を広げてきて、とうとうこんな冒険して、失敗したらどう責任とるのよ。（※　この話は著者の創作である。）

なんぱち　そ……そんなリアルな例持ち出されると、説得力ありすぎて、なんも反論できなくなるな。じゃあ……旧ユーゴスラビア型の自主管理社会主義だったらどうだ。企業を、そこに働く従業員が自分たちで民主的に経営するってやつ。で、作ったもんの売り買いは自由に市場でできるってわけだ。

ちえ　でも旧ユーゴスラビアもつぶれちゃったしー。

なんぱち　旧ユーゴはほら、民族問題があったからな。これがチェコスロバキアとか東ドイツとかでやってたらどうだったかわからないぞ。

ちえ　たしかに、1956年のハンガリー革命のさなかとか、1968年のチェコスロバキアの民主化とかのときには、企業の労働者自主管理が見られましたよね。でもどっちもソ連につぶされちゃった。階級的利害がかかってますから、ソ連が絶対許すはずなかったですよね。

4 ソ連＝国家資本主義のもとでコルホーズが 国営でなかったわけ

なんぱち ということは、おまえは、ソ連は労働者政権の国じゃなかったと言いたいわけだな。

ちえ あたりまえじゃないですか。「日常生活ではどんな店屋の主人でもだれかが自称するところの彼の人物なるものと、その者の実際の人物との別を非常によくわきまえているのに、われわれの歴史記述はまだこのなんでもない認識に到達したことがない。それは各時代がそれ自身について語るところ、それ自身について思いこんでいるところをことばどおりに信じる。」はいこれなーんだ？

なんぱち え⁉　な……なんだっけな。ははは。

ちえ 『ドイツ・イデオロギー』じゃないですか。マルクスとエンゲルスの。忘れちゃだめですよ。「労働者国家」と自称したら労働者国家になるわけでもないし、「社会主義」って自称したら社会主義になるわけでもないんです。労働者のコントロールが効かない機械や工場が、働く人々を搾取して勝手にどんどん膨らんでいくことを「資本」って言うんです。そしてその担い手が「資本家」。

　スターリン時代のソ連は、コルホーズの農民を早朝から夜までこき使って、ただ同然の値段で穀物を取り上げて、製粉工場に高値で売って、それでもうけた利ざやで工業建設してたんです。1936年のケースでは、小麦1トンあたりで、コルホーズから15ルーブルで買って、製粉工場に107ルーブルで売ってました。収益率600％ですよ。労働者の実質賃金も年々切り下げられて、でもノルマは年々引き上げられてました。コルホーズ農民は農閑期は強制的に出稼ぎ労働させられたし。

191

誰でもちょっとした言いがかりみたいなことで逮捕されて、囚人労働に使われて……そうやって遅れた農業国にあっと言う間に大工業を建設したんですけど、それで作られた機械や工場を労働者大衆がちょっとでも自由にできたかって言うと、そんなことできるはずなかった。スターリンたち一部の独裁者だけが支配できたんですから、これはもう「資本」と呼ぶほかないです。その資本の自己膨張の担い手の官僚たちは、「国家資本家階級」と言うべきです。

なんぱち　「利ざやでもうける」なんて言ったらたしかに資本家っぽく聞こえるけど、考えてみたらおかしくないか。そこまで国家がコルホーズを支配しとるんなら、わざわざ「農民の協同組合です」なんて形式はとらず、最初から国営農場って言えばいいじゃないか。そしたらそんな売買の形式なんかとらなくても、ただ穀物を取り上げてしまうだけでよかったはずだが。

ちえ　ああ、それはですね、国営農場だったら、工場労働者と同じで、労働に応じて一定のお給料を払わなきゃいけないからです。でもスターリン時代当時では、まだお天気の具合によって、農作物のでき不出来が大きく左右されていました。ときどき天候が悪くて不作の年ってでてくるんです。そんときにも決まった給料払うのはいやだよと。たとえ不作だったとしても、国家は決まった量の穀物はきっちりいただいていきますから、残りの分配はコルホーズの中で決めて下さいってわけです。

　つまり、国営にしたら不作のリスクは国家が負わなければならないのに対して、コルホーズ方式だったら、不作のリスクは農民の側にかぶせることができるってわけです。そんなもんで、不作になっても、どんどん無理矢理取り立てていくわけだから、農村ではひんぱんに飢饉が起こりました。一説では30年代に700万人が死んだって言われま

す。コルホーズの農民が一定のお給料もらえるようになって、国営農場と変わらなくなったのは、もうスターリンも死んで工業化が終わった1960年代終わりになってからです。

なんぱち うーむ。じゃあスターリンが死んで工業化が終わったら、国家資本主義じゃなくて社会主義になったって言えないか。

ちえ 独裁政党も特権幹部の顔ぶれもそのまま居座ってて、そんな体制移行が起こるわけないでしょ。遅れた農業国から工業化するプロセスでは、先進国の産業をまねして、働け働けって資源投入増やせばいいだけだから、仕事の成果が良いか悪いかの判断はお上がすればいい。だから、さっき言った「特権と粛清」が有効になるんです。これが「国家資本主義」ね。でも工業化が完成してしまうと、消費者やユーザーのニーズに合うかどうかが仕事の業績の善し悪しだから、お上では判断できなくて、各企業が自由に試してみて、成功したらもうかる、失敗したら損するってことにしないといけない。だからこうなると必然的に「私有資本主義」になるんです。

ソ連はたまたま石油が採れたから、石油の値段が高い間は、既得権持った官僚が変革嫌がって抵抗しても、ズルズル停滞しながらなんとかもったんだけど、80年代になって石油の値段が下がっちゃったらもうおしまい。西側同様の私有資本主義に転換するほかなかったってわけです。

なんぱち じゃあ、さっきの話に戻るけど、旧ユーゴスラビア型の労働者自主管理の市場経済じゃどうだ。ソ連の「国家資本家階級」がそんなに敵視するシステムなら、これこそ労働者階級が主人公のシステムと言えるだろ。

5　労働者自主管理企業で起こる世代間の利害対立

ちえ　よく、価格が上がったら生産を減らす、価格が下がったら生産を増やすようになるんじゃないかって疑問を出す人がいます。借金は金額で決まってますから、例えば価格が下がると、たくさん製品を売って利払いや返済しないといけなくなりますので、従業者を増やして生産を増やして一人頭の負担を減らすってわけです。もしそうならば、生産過剰で価格が下がったらますます生産が増えるって感じで、市場調整が不安定になっちゃいますけど、

なんぱち　何？　そりゃ大変だ。

ちえ　……でも、自由時間との兼ね合いも考えて、労働時間で生産調整することを考えたら、こんな問題は起こりゃしないとも言えます。もっとも、各労働者がてんでんばらばらに労働時間を自由に決めていいことにしたら、みんな他人の努力にただ乗りしてラクしてやろうとして十分働かなくなるので、労働時間を決めるのは、企業の労働者集団全体でやらないといけませんけど。

　でも、長期的に見たら、企業の設立とか部門間の移動とかできますので、そしたら、不確実性も何もない理想的にクリアーな市場だったら、資本主義でも労働者自主管理でも違いはないですよ。ちょっとでも余計にもうかる部門には、労働者集団が殺到して企業を作る、他所よりもうからない部門からは労働者集団が出て行ってしまう──って動きが行き着くと、労働時間当たりの所得はどの部門でも同じになりますので、その分の所得は得られて当然。いわゆる「機会費用」として扱われます。結局、資本主義企業が労働市場で決まった賃金をコスト扱いするのと同じになります。つまり、資本主義企業と効率性は変

わらなくて、働き方を自分たちで決められて、剰余が分け取れる分こっちの方がいいということになります。

なんぱち　ほうほう、やっぱりいいじゃないか。

ちえ　と言いたいところですが残念。設備投資の資金をどうやって用意すればいいですか。設立するにも、部門間の移動するにもそれは要るでしょ。

なんぱち　そりゃ、労働者たちが自分たちの製品を売って得た所得の一部を分配しないで積み立ててな、それで設備投資すればいいんだ。

ちえ　南天同志が一生懸命働いておカネを貯めてそれで工場を作ったとしましょう。そこに私ともう一人が新入社員で入ってきました。私たち新入りは、この工場でちょっとリスクのある製品を作ってみたいと思ってます。失敗したら大損して工場売る。うまくいけば大もうけ。南天同志はどう思いますか。

なんぱち　許さーん！　俺が働いて作った工場だぞ、若造に勝手に利用されて無駄にされてたまるもんか！

ちえ　でしょ。でも多数決とったら２対１で私たちの勝ちです。

なんぱち　けしからーん！　おまえら長幼の功ってもんを知らんのか。先輩の言うことをきけー。

ちえ　って、人間自分の都合で簡単に保守派になっちゃうわけですよ。

なんぱち　わーん、乗せられたー！

ちえ　つまり、ある世代の労働者が一生懸命働いてたくさんかせいで、それをなるべく給料にまわさずに、自己犠牲的に設備投資のためにまわせばまわすほど、それだけますます企業が拡大して、新しい世代のメンバーが増えて、自分たちの投票の影響力は少なくなってしまいます。だから、自分たちが苦労して蓄積した生産設備が、自分の自由にできる確率が減ってしまいます。新入りはそんな苦労してないので、

その生産設備が無駄になるリスクを軽く見る決定をしてしまいがちです。さあ、それがあらかじめ予想されたらどうしますか。
なんぱち　もう設備投資になんかまわすもんか。かせいだ所得を全部食ってやる。

6　世代間対立の解決策から階級分裂が発生する

ちえ　ということですね。これを防ぐためにはどうするか。一つは、「年功序列制」ですね。つまり、勤続年数に応じて投票権が増えていくという方法。もう一つは、「会員権」方式です。つまり、新入社員は入るときに、既存メンバーから会員権を買わなければならない。その分、先輩たちの今までの生産手段蓄積の苦労が補償されて、リスクが対等になる。だから投票権が平等でもいいという案配です。
　じゃあ、こんなふうなシステムがとられたら何が起こるでしょうか。「年功序列制」になったとしますね。さっきの例をもう一度考えてみましょう。南天同志が一人で一生懸命作った工場ですので、南天同志は一人で10票、私たち新入り二人は1票ずつ持つことになったとします。さあどうしますか。
なんぱち　あー、俺は決定権が大きくて慎重に考える責任があるからな、経営のこと考えて指示出すのに時間かかって忙しいから、おまえら働け。今までさんざん働いてきたんだから給料百倍もらうぞ。頭リフレッシュするのも仕事のうちだから、キャバクラ行く金も会社から出せ……。
ちえ　しょせん革命家もこうやって簡単にブルジョワへと堕落していくのです。
なんぱち　わーん、また乗せられた！

ちえ　まあこうやって、若い頃は労働者階級で、歳とったら資本家になるってパターンになるでしょうね。しかも投票権の多い人を自分以外に増やしたくないですからね。もし解雇も各企業の自由に決定できるものならば、既存の高年齢層は、多数決の力で若い世代を数年でクビにして入れ替えるようになります。もし正規メンバー以外に、パートさんみたいなのを雇えるならば、正規メンバーはほとんど入れないパートだらけの企業になって、高年齢正社員層は何も働かずにパートを搾取してふんぞり返るようになります。

なんぱち　わかったわかった。じゃあ、「会員権」方式にしよう。

ちえ　たぶんこの会員権って結構いい値段になるでしょうね。特に大手の優良企業だったりしたら、すごく高額になるでしょう。そしたら簡単にメンバーを増やしたりできなくなります。でも突発的に忙しくなったときに急な対応できないと困りますから、パートさんみたいなのを雇うのを認めないわけにいかなくなります。

　そしたらやっぱり、決定権のないパートさんたちをたくさん低賃金でこき使って、正規メンバーはぐうたらして高給とるって図式に落ち着くと思います。やがて正規メンバーは会員権を自分の子供に相続するようになるけど、そんな恩恵にめぐまれない若者は、会員権を買うために延々とパートを続けておカネを貯めるほかない。でもあんまり低賃金でそれもかなわないってことになると、やがて正規メンバーの家系とパートの家系に世の中の「身分」が分かれてしまうことになるでしょう。

なんぱち　うーむ、よしわかった。内部留保で設備投資資金作るのはやめだ。企業がもうかった所得は、全部労働者に分配することにしよう。設備投資資金は銀行から借りてくることにする。

7　銀行を企業が管理すると──旧ユーゴ経済崩壊の原因

ちえ　じゃあその「銀行」って、どんな組織なんですか。資本主義企業じゃないでしょうね。

なんぱち　もちろんだ。資本主義企業だったら、結局、銀行が各労働者自主管理企業を支配して利子を搾取するだけで、資本主義経済と何も変わらなくなるからな。

ちえ　そうですね。じゃあ、銀行も労働者自主管理企業にしたらどうなりますか。

なんぱち　ん……銀行労働者集団が、普通の企業の労働者集団を支配して、利子を搾取していくな。なんだ、これも資本主義と変わらなくなるのか。

ちえ　そうですよねえ。じゃあどうすればいいと思いますか。

なんぱち　わかった。銀行が各企業を支配したりしないように、地域の企業の共同管理にすればいいんだ。

ちえ　はい。まさにそれが旧ユーゴスラビアで採用された仕組みです。実際に、銀行が企業を支配する地位についてしまったことの反省からそういう仕組みになったそうです。でもそうするとどうなりますか。──南天同志は自分の企業を代表して銀行の理事に任命されました。さて、自分の企業が資金繰りに困りました。銀行の融資担当者に話したら融資をしぶられました。じゃあ、南天同志は銀行の理事会で何を言いますか。

なんぱち　オラーっ!!　俺の企業に融資しないとか何寝言ぬかしてんだ。トットと融資しろ！　こないだのあのバカ担当者の顔、まさかま

た俺の前に見せるつもりじゃないだろうねえ、フッフッフ。

ちえ　なんか地でやってません？　で、実は同じように言ってくる企業がほかにもいくつもあったら、銀行はどうしますか。特に地域経済が不振でそんなになっちゃってるとき、他所の地域では銀行がバンバン融資して企業を救っているかもしれない。自分のところだけ企業苦しめて何がいいわけ？　こりゃもう、自分のところもバンバン融資するしかないでしょう。それで銀行が苦しくなったら、旧ユーゴの場合、六つの共和国と二つの自治州がありましたけど、それぞれ国立銀行があるんで、その国立銀行に駆け込むわけです。そしたら、やっぱり自分の共和国だけ不況にするわけにいかないから融資する。みんなそんなことするもんだから、中央銀行である連邦国立銀行の決定機関は各共和国・自治州の国立銀行の総裁の会議なので、最終的にはおカネをどんどん作って歯止めなく流していくことになります。

なんぱち　それで大インフレになったってわけだな。

ちえ　ご明察の通りです。企業としては、あとでプロジェクトが失敗して苦しくなっても、どうせ銀行が助けてくれるってわかってますから、どんどん設備投資に手を出して、銀行も企業の言いなりにその資金を融資します。設備投資資金は銀行から借りればいいから、日頃の企業のもうけはほとんど従業員で山分けして、消費需要も旺盛です。設備投資の需要も消費需要も旺盛なんて、今の日本から見たらホントうらやましい限りですけどね。その時の当事者にとっちゃトンデモない話で、需要がいつも供給を超過して、インフレがどんどんひどくなって、80年代はじめで40％ぐらいだったのが、終わりには四桁のハイパーインフレになっちゃいました。

なんぱち　で、これが旧ユーゴ破綻の原因だったと言うのか。

ちえ　そうですね。民族紛争って問題もありましたけど、経済が絶好

調なら民族紛争なんか起きませんよ。それから、今となっては良いことだったのか悪いことだったのかわかりませんが、旧ユーゴでは、階級を無くすという社会主義の理想は、ソ連や中国なんかと違って、ある程度実現したと思います。でも、じゃあ労働者が企業を主体的に運営している実感があったかというと、やっぱりどこか自分の手の届かない所でものごとが決まって動いている感覚だったそうです。ところがこれが労働者だけでなくて、経営者も同じように感じてたそうです。企業をコントロールできている実感を持てている者が誰もいなかったということです。みんながみんな不満を持っている中で、全体経済もインフレでうまくいかなくなっていた。

　そんな中で、末期旧ユーゴには独特の犯罪が見られました。「工場長殺し」って犯罪がよく起こったのですが、西側にも見られないし、ソ連圏にも見られない。旧ユーゴだけで流行った犯罪です。つまり、フラストレーションが高まったとき、西側資本主義国とかソ連圏とかだったら、工場長なんて小物を殺しても何にもならない。巨悪はもっと上にいるってことが誰でもわかっているわけです。ところが、旧ユーゴではなまじある程度階級がなくなっているものだから、憎悪を向けるべき巨悪が上にいない。いや、ホントはいたのかもしれませんけど、見えないわけですね。だから、現場の目の前のボスに憎悪が向かう。憎悪が上に向かわず横に向かう素地ができていたわけです。これが、同胞同士血を血で洗う民族紛争につながっていったのだと思います。

なんぱち　よしわかった。銀行を民間の企業にするのはやめよう。銀行は国の機関にする。そして、公衆の預金を受け入れただけ、きっちり貸し出すことにして、信用創造はしない。これでどうだ。

ちえ　そんなの融資審査の権限を持った官僚は、とんでもない巨大な

力を持ってふんぞり返りますよ。

なんぱち　いや、官僚のさじ加減が入らないように、セリにする。高い利子率を入札したところから順番に機械的に採用するんだ。

ちえ　そしたら、返すあてがなんにもなくても、とりあえずムッチャ高い利子率書いときますよ。

なんぱち　じゃあ、審査基準をあらかじめ事細かにマニュアルに書いておいてだな、鉄のルールとして決めておく。そして、裁判みたいにして、さじ加減が入らないようにマニュアルに則り機械的に融資審査するってのはどうだ。

ちえ　できあいの事業ばっかりだったら、それでなんとかまわるでしょうね。でも、海のものとも山のものとも知れない、新製品開発とか新技術導入とかは、マニュアルにできないから手に負えないことになっちゃうでしょう。そういうことに融資決めるのは、やっぱりリスクの高いことだし、駄目だった時の損を、融資決めた所にかぶってもらわないと。公金で尻拭いしたら、やっぱりどんどん見積もりが甘くなっちゃう。結局、いろいろな民間の銀行があって、同じプロジェクトにも、貸す貸さないいろいろ自由な融資判断があるようにして、間違ったら自分で損かぶって責任をとるような仕組みにしないといけないです。

8　資本主義の根幹を変えない労働者政権でいいの？

なんぱち　何だ何だ、結局何やっても駄目ってことかい！　いやわかった。もう企業はほとんど株式会社でもいい。市場経済も仕方なかろう。でも、ブルジョワジーに税金負担させて福祉を充実させて、労働者からの搾取があんまりひどくならないように規制を強化すればいい

んだ。

ちえ それって社会民主主義政権がやってたことでしょ。さっき、福祉国家にしても労働保護規制にしても、資本主義の根幹に手を触れないからだめだって、南天同志言ってませんでしたっけ。

なんぱち いや、労働者階級が権力を握っているかぎりは、当面資本主義の根幹は認めたとしても大丈夫だ。

ちえ でも「労働者階級の権力」って定義は何ですか。資本主義の根幹を認めても、自分で「労働者階級の政権だ」って名乗りさえすれば労働者政権になれるもんなんですか。そんなわけないですよね。それとも労働者階級に支持されているのが条件なんですか。そしたら社会民主主義って言ってた政権は労働者政権じゃなかったですか。イギリス労働党もドイツ社民党もスウェーデン社民党もみんな労働組合をバックにしてますよ。

なんぱち 連中はみんな「国民政党」を名乗ってるじゃないか。「階級政党」と言っているわけじゃない。

ちえ だから、さっき『ドイツ・イデオロギー』に書いてあるって言ったでしょ。その人が何であるかをその人が自分が何であると思っているかで判断してはならないって。ついでに『ドイツ・イデオロギー』からあと二カ所ほど。「支配をめざすそれぞれの階級は、たといその階級の支配が、プロレタリアートの場合にそうであるように、古い社会形態全体と支配一般との廃止を取り決めている場合でも、まず政治権力を獲得しなければならないということになる。それはそれの利益がまた普遍的なものででもあるかのように見せるためであって、最初の瞬間にはその階級にとってこれはやむをえないところなのである。」「革命を遂行する階級は、それが一つの階級の向こうを張るという理由からしても、元来、階級としてではなく全社会の代表者として登場

し、ただ一つの支配的な階級に対立する全社会集団として現れる。」——ってつまり、本当は特定階級の手先の政治権力なんだけど、それをあたかも全国民に普遍的なもののように見せかけるものなんだってことなんです。

なんぱち いや、だとしても、あんな資本主義の根幹に手を触れない連中……あれれ？ 俺も結局そうなったんだっけ。

ちえ キャハハハ……、やっぱり資本・賃労働関係を変えようとするのをあきらめちゃいけませんよ。

なんぱち な……なんだ、やっぱりそれ可能なのか。どうすればいいんだよ。

9 資本が企業主権を握るのは出資が戻らないリスクのせい

ちえ その前に、企業の関係者って、利用者も従業者もいろいろいるのに、どうして資本主義経済ではたいてい出資者が主権を持つのかってことを考えてみたいのですが。

なんぱち そりゃ、出資者がその企業の所有者だって制度だから当然だな。

ちえ いえ、法制度上の「所有」っていうのは、「取り決め」「ルール」ですよ。「上部構造」です。なんでそういうルールになってるかってことを、物質的条件から解明するのが唯物論ってもんでしょ。

なんぱち 「上部構造」とか「唯物論」とかこんな言葉遣い、今時のアイドル女子学生って想定からどんどん離れていってないか。

ちえ さっきからの話でもわかったと思いますけど、リスクのあることを決めるときには、そのリスクをかぶる当人が決めないと、リスク

を軽く見る無責任な決定をしちゃうってことでした。だから企業の主権は、その企業の事業決定から一番リスクを受ける人たちにあてがうのがいいんです。たいていの場合、出資が戻らないのが一番のリスクなので、出資者が主権を持つ「資本家」になる仕組みになるわけです。さっき言ったソ連の例とかユーゴの例とかは、原料在庫投資とか設備投資とか決定する人がその出資者とイコールじゃなかったから、非効率な過剰投資になっちゃったんですね。

　でも、出資者がもっぱら事業決定することになったとしても、労働者とか利用者とか地域住民にだってそれなりにリスクがあります。だから、あくまで出資者が資本家として事業決定を独占するならば、そのほかの関係者のリスクは、資本家の方が引き受ける仕組みにしないといけません。そうじゃないと、やっぱりそうしたリスクに無頓着な事業決定がなされてしまいます。

なんぱち　資本家が労働者のリスクを引き受けるってどんなことだ？　そんなお優しいことしてくれるものなんか？

ちえ　別にお優しくなんかなくてもやってますよ。「賃金労働制度」ってこういうもんなんです。もし事業決定の善し悪しによって、労働者の所得まで増えたり減ったりするやり方が採れるもんならば、労働者の所得を犠牲にしかねない危ない決定をしちゃう……って、今でも「偽装下請け」とか問題になりますけど、そんなやつですよ。資本家が実際働く人に出来高払いで下請けさせるってやり方って、過去にはいっぱいあったわけです。

　新しいエリアとか新しい方法に、失敗したら出来高が落ちちゃうリスクがあったとしましょう。下請けが出来高払いだったら、元請け側としては、出来高が落ちても支払いも減るのでさほど損しません。だから今よりもうかる確率がちょっとでもあるかぎり、元請けの方に事

業決定権があったら無理矢理にでもそっちの方に変えさせるでしょう。リスクをひっかぶる下請け側はたまりませんね。こんなことが続くと、やってられないので逃げ出します。それを防ぐには、資本側の事業決定によって結果として成功しようが失敗しようがかかわりなく、一定の労働をした以上は、あらかじめ契約したお給料を最低限払わなければいけないことにします。つまり賃金労働制度にするってことです。

　そのほか、従業員の安全を脅かす事業決定を安易にしないように、労災なんかは資本家側の負担にしたり、製品の安全性のリスクがなるべく消費者側にかからないようにとか、公害やら事故やらのリスクがなるべく地域住民にかからないようにとかいうことで、利用者や住民に被害があったときの補償は資本家側の責任にしたりします。そうしてこそ、こんなリスクに対してそれなりに慎重な事業決定がされるようになるってわけです。

なんぱち　そうなんかあ？　資本主義がそんな合理的な制度だと？

ちえ　そんなことは言ってないですよ。それでもやっぱり、ヘンな事業決定しちゃったら、従業員は雇用がなくなるリスクがあるし、中毒やら事故やらはいくら補償されても失われた命や健康は返ってこない。事業決定の結果が世の中で合わさって経済恐慌が引き起こされて、世界中の人々が路頭に迷うかもしれない。労働者にも利用者にも住民にも、資本家側が引き受けきれないリスクはやっぱりたくさん残るわけです。そうである以上、そのリスクに応じた事業決定への口出しは、本来なら誰もができないといけないと思います。それをさせないで、資本側だけが決定権を独占する資本主義の仕組みには、やっぱり根本的な欠陥があるってことです。

なんぱち　もちろんそりゃそうだろう。で、どうすればいいんだ。

10　労働者や利用者が企業主権を持つのが合理的になる条件

ちえ　ま、ちょっと待って下さい。今、出資者が企業の主権を持つ場合の条件を見たわけです。ということは、この条件が変わったら、適切な企業のあり方も変わるってことです。

　例えば従業員に一番リスクがかかってくるような事業だったら？ つまり、働く現場にメッチャ危険があって、現場にいる従業員自身じゃないとなかなかそのリスクがちゃんと読めないってケースですね。それか、人手がいっぱいかかって、あんまり機械化が進んでない労働集約的な部門。そういうところは、事業するための出資が少なくてすみますので、出資が戻らないリスクはそんな高くない。かえって、従業員が雇用なくしたりするリスクの方が、資本側のかぶるリスクよりよっぽど大きくなります。そういう企業だったら、従業員自身が事業決定の主権を持つのが適切なわけです。

　ほら、介護事業とか学童保育とか、大手の民間企業も進出してますけど、あんまりうまくいってませんよね。ところがそれに対して、労働者協同組合とかワーカーズコレクティブとか言って、従業者が自分たちで経営している事業体が、ほかの部門と比べてとても多いです。これって、やっぱり労働集約的だからだと思います。それから、沿岸漁業って漁協制度とってますよね。水産会社じゃなくて。

なんぱち　そう法律で決まってるからな。震災にかこつけて、資本主義企業が参入できるように法律変えようって企みがあるらしいが。

ちえ　ところが、法律で決まっているかどうかに関係なく、結局は漁協とおんなじようなものになるんだと思います。だって、労働者側に、

悪天候なんかで遭難しちゃうリスクがありますでしょ。それに比べれば、たかが沿岸漁業の漁船におカネ貸したのが戻ってこないリスクなんてたいしたことないです。もし資本主義企業だったら、資本家側が出漁を命令して事故にあったりしたら、莫大な補償しないといけない。そんなリスク高すぎますから、出漁するかしないか現場の判断に任せますでしょ。でもそうしたらそうしたで、今度は、労働者側が危険だって言い訳にして、安全なときにも出漁をサボるようになります。これをふせぐためには、大幅な出来高給制度にしないといけませんが、これ結局、業務判断は従業者がします、その結果の損得も従業者側が引き受けますってことですから、漁師さん自身が企業所有してるのと同じことになります。

なんぱち 法律はこういう状況を反映していたってことか。やっぱり上部構造は土台を反映するわけか。

ちえ 鉄道とか航空とかは、巨額の設備投資ですけど、無理な仕事して事故ると従業員いっぺんに死んじゃいますし、資本側のリスクも労働側のリスクも両方とも重大ですね。だからこういう産業では、労使が勢力拮抗するところが多いんだと思います。

あと、食べ物なんかになると、今度は消費者のリスクが重大になります。だからこういう事業では、消費者が主権を持つ生協なんかが出てくるのが理にかなってるわけです。医療なんかもそうですね。患者のリスクが大きい。だから「医療生協」って、地域住民が自分たちで診療所作るやり方なんかが見られるんだと思います。

なんぱち なるほどよくわかったが……、結局そうだとすると、たいていの企業は設備投資資金がたくさんかかるから、やっぱりなんだかんだ言って出資が戻らないリスクが一番にくる。だったら未来永劫世の中のほとんどの企業は資本主義企業のままだって理屈になるんじゃ

ないか。

11　労働者間の合意がとれないから資本が要る

ちえ　そもそも事業資金って何で要るのかってことになるんですけど。
　実は、たとえ労働集約的だったとしても、労働者に事業主権のあるやり方がうまくいかない場合があります。それは、一つの企業の従業者の中が、お互い専門オタクに分かれているときです。
　例えば労働者自主管理の車メーカーがあったとします。新車の外装をデザイナーが考えてきたのを、技術者はこんなダサいの売れないよと思いました。でも、しろうとの感想だからと思って飲み込んで、ただ技術的にめんどくさいことになるところだけ変えさせたとします。デザイナーも技術的なことはわからないので、大いに不満ですけど仕方なく応じたとします。さあこれが結果として売れませんでした。技術者はデザイナーのデザインがもともとまずかったせいだと思います。デザイナーは、技術者がもう少し工夫してくれればいいのに、それをせずにデザインを変えさせたせいだと思います。お互い自分の責任じゃないと思っているのですが、互いの専門事情はわかりませんので相手の責任を確定できません。結局、それぞれ自分が納得したわけでないことの責任を負って、みんなで損をかぶらなければならなくなります。そんなことがわかったら、今度からもうそもそも新しいことに手を出したりせず、かせいだ所得はみんなで山分けして食ってしまった方がマシだってことになります。

なんぱち　なるほど、だからこんなときには、誰かが事業資金を用意して、この会社は俺のものだから言うことをきけと、独断で仕切っていったほうが効率的になるって言いたいわけだな。

ちえ 南天同志もカンが働くようになりましたね。で！ 事業資金というものがかかってしまう問題ですが、これも大きく見れば、お互い専門オタクに分かれていて理解しあえないことに原因を落とし込めると思います。例えば、パン作ってる労働者集団と、そこで使う生産手段の小麦粉を作ってる労働者集団があるとします。ここでどちらもいっしょに一つの労働者管理企業にまとまって、製粉労働者の所得も、月々のパンの売り上げの中から分けることにできれば、製パン労働者は「小麦粉代」ってものを資金として用意する必要はありません。

でも、どんなパンを作れば売れるのかにリスクがあったならば、売れないパンを作っちゃったら製粉労働者も損しちゃいます。だから、製粉労働者もどんなパンを作るかの決定に加わらないといけませんけど、パン作りのことはしろうとでよくわからないです。結局製パン労働者の意見に納得せざるを得ないでしょう。でも、その結果失敗しても、みんなで決めたことだからって言って、製粉労働者も平等に損をかぶらなければならなくなります。こんなことがたびたびあると、製粉労働者はばかばかしいって言ってやめてしまったり、新製品の開発なんかは怖がって何でも反対するようになったりするでしょう。

結局こうなると仕方ない。製粉労働者集団は別の事業体ってことにして、「小麦粉代」を先に払うことにして、製パン事業決定のリスクから切り離すことになるわけです。でもそうすると、「小麦粉代」を事業資金として最初に用意しとかないといけない。製パン労働者集団が自分でそれを用意できなければ、外に出資者が現れて、結局その人がリスクをかぶることになって、決定に口出しをするようになって、資本主義企業へと変わっていくわけです。

なんぱち やっぱり結局そうなるんかあーっ！ つまり、生産のための依存関係にあるもんどうしの間で、情報交流が十分できず、リスク

に見合った合意がとれないからこそ、そもそも「資本」というものが必要になるってことだな。なんだか資本の支配が必然だって言われてるような気になるが。

12　階級なき生産関係が広がる条件

ちえ　でも逆に考えれば、リスクに見合った合意がちゃんととれるなら、事業資金が少なくても大丈夫ってことですよ。例えば、退職した技術者たちが労働者管理企業作って介護機器生産に乗り出して、地域の、労働者や利用者が運営する介護事業体に製品を納入する事業をするってアイデアは現実的ですよね。そのとき、代金は、実費以外は、介護事業の収入の中からあとでローンで払っていく。それとか、ある程度は介護の利用券で払うとかするわけです。地域のそういう介護事業体いくつかで、新しい機器入れる計画を適当にズラして調整したら、この機器メーカーにいつも仕事と収入があるようにできるでしょう。この場合、介護機器買うのにあらかじめ用意しなければならない資金はかなり節約できるはずだと思います。

なんぱち　なるほど。機器代は後払いするからな。「利用券」なら現物払いってことだし。でもその代わり、介護事業体が下手な経営して潰れたりしたら、機器メーカーのもんは働いた分の見返りが回収できなくなって困るぞ。

ちえ　だから、機器メーカーの労働者が、納入先の介護事業体全部の経営に口出しできるようにするわけです。それが効果的にできるかどうかに、このシステムがうまくまわるかどうかがかかることになります。

　こんなふうに、川上の生産手段の生産事業体が、付加価値部分はロ

ーンの後払いで受け取っても成り立つように、川下のユーザー事業体の間で設備投資計画を調整して、その代わり生産手段の生産事業体も川下のユーザー事業体の事業決定に口出しするというふうに組織すれば、ユーザー事業体側で事前に必要な設備投資資金は節約できるはずなんです。

なんぱち うーん、そう言われてもなかなか厳しい条件のような気が。

ちえ いえそれともう一つ。今までの話のキーワードになってきたのが、「リスク」ですよね。不確実性があるからこそ事業決定にリスクがあって、誰がそのリスクを負うのかって問題が出てきて、結局資本側が主権を握るって結論になっちゃったりしたわけです。ってことは、もともと不確実性がなければこんなことにはならないんです。

なんぱち 不確実性がなければだと？

ちえ そうです。たとえば、衣食住のわりと安定した基本的なニーズとか、介護とか保育とか教育みたいなサービスだったらできると思います。供給者側の労働者管理企業と、消費者・利用者の側が直接結びついて、注文生産みたいに、ニーズを聞いてからそれに基づいて生産するようになれば、見込み違いの生産をするリスクは減らせると思います。実際、資本主義企業でも今はPOSシステムとか発達してて、昔と比べると完成品の在庫とかずいぶん少なくなっているでしょ。問屋に売れ残りのリスク押し付ける必要がなくなったから、昔よりもメーカーから直で小売りに行くようになってますし。

なんぱち 「昔と比べて」って……、おまえいったい何歳なんだ？ たしかに、俺が子供のころと比べると、世の中の在庫ってずいぶんなくなっとると思うが。

ちえ だから、消費生協と労働者管理企業が結びついて、生協組合員のニーズをネットなんかを通じてリアルに反映して生産するってこと

は、すぐにでも手がけられることだと思います。お醬油とかマーガリン、ラップ、石けん、洗剤とかそんな感じのはわりと簡単に可能じゃないでしょうか。

なんぱち　それとか、トイレットペーパーとか紙おむつとかタオルとかのレベルならそうかもな。でも、Tシャツレベルになるともう先にメーカーでデザインしてあとから消費者が選ぶしかないだろ。

ちえ　そんな商売ももちろんいっぱいあっていいですけど、消費者がネットとかで自分でデザインして注文生産するのはどうですか。今のテクノロジーなら、結構高級そうな服でもわりと安く作れると思いますよ。何着かはそんな服を持っていたい気もします。

　それと、まだ人々がニーズを自覚していないような、新しい事業展開に乗り出そーってときには、人々のニーズについて仮説を立てて始めなければならないので、不確実性が高いのですが、事業が軌道に乗ってやがて成熟してくると、事業決定しなければならないことのほとんどは、日常的なルーチン仕事になりますので、リスクはなくなっていきます。だから、新たな事業が始まる段階では、私財をかけた出資者に決定権とリスクがもっぱらかかってきて、大なり小なり資本主義企業みたいな性質の事業にならないわけにいかないのですけど、やがて事業が落ち着いてきたら、現場の従業者や利用者の合議でまわしていくのがふさわしくなります。リスクは小さくなっているので、現場の普通の人々によって、みんなでシェアしあえるわけです。

なんぱち　事業の成熟の度合いによって企業の主権が移り変わるってことか。

ちえ　それができるとうまく回るってことです。

　階級のない生産がうまくいくかどうかということは、結局まとめるとこういうことです。一つは、企業の中の従業者どうしでも、川上の

生産手段メーカーとの間でも、川下の消費者・利用者との間でも、どの程度情報交流ができるかです。関係者の間で、決まったことの結果に責任を共有するのに不満を抱かないくらい合意形成が可能かとか、情報交流でどの程度ニーズの見込み違いのリスクをなくせるかとかいうことです。もう一つは、事業の成熟の度合いが、どの程度不確実性のないものになっているかということです。この二つが十分進展していれば、資本側が企業主権を握るよりも、従業者や利用者に企業主権がいく方がふさわしくなるというわけです。

なんぱち　で、おまえはそうなって欲しいわけだな。

ちえ　もちろんです。実際に手動かして働いて、実際に暮らしている一人一人の人が、納得しないリスクにさらされないで、自己決定で動けること。これが階級支配されないってことで、それが社会主義ってことです。南天同志が目指すのも同じでしょ。

なんぱち　そりゃそうなんだが、じゃあどうすればいいんだ。消費者の消費計画をみんな注文聞く制度作るんか？　事業の成熟ってどこで判断するんだ？

ちえ　いえ、なんかこういうのを国全体の制度にして導入するってような発想で考えてないですか。違うんですよ。世の中を変える運動を作る側としては、こういう話し合いとか情報交流が、風通しよく充実できるように、人間関係の作り方とか、ネットの利用とか、毎日の事業の中でいろいろ工夫していこうってことです。

そもそもこういうことって、進展の度合いがそれぞれの事業によって違いますでしょ。IT技術がどの程度取入れられているかとか、関係者のあいだの親密さがどうであるかとか、事業規模がどのくらい拡大しているかとか、事業がどの程度成熟したかとか、いろいろですよ。一旦事業が成熟してリスクが少なくなっても、状況がまた変化したり、

組織が硬直化しちゃって外部に汲み取れないニーズが溜まったりしたときには、またリスクのある新事業展開に乗り出すことは、必要なことでもあるし。

なんぱち　そしたらそんときは、一回せっかく労働者管理企業になってたとしても、資本主義的な性格の事業体に戻るべきだってことなんか。

ちえ　そうです。新規事業用の下位部局を独立採算にするとか、関連する別法人を作るとか、状況に応じていろいろやり方はあると思います。

　結局条件が事業ごとにいろいろだから、こういうことって、国家権力みたいなので一律に制度を決めるようなもんじゃないんです。民間の事業として自由に始める。形式は株式会社でもNPOでも協同組合でも、形の上のことはあんまり本質期な問題じゃないです。そしてそれぞれの事業の状況に合わせて、出資したリーダーに主導権がある段階と、従業者や利用者に主権がある段階が切り替わる。株式会社でも、どこかで労働組合や利用者団体の発言力が強くなって、場合によっては会社を買取るようになるかもしれない。でも状況が変わればまた逆転するかもしれない。

なんぱち　そんな、企業主権の切り替えなんて、どんなルールですればいいんだ？　切り替わるタイミングの基準はなんなんだ？

ちえ　もちろん切り替えがスムーズにいくような工夫は要るでしょうけど。でもどんなに工夫をこらしても、切り替えのタイミング間違えたり、リーダーが経営権力手放したくなくて居座ったりってことは、なくなることはないでしょう。だとしても、切り替えがうまくいかなければ、やがてその事業体は行き詰まって、別の事業体が立ち上がったりして、大きな目で見れば、長い時間がたって世代を重ねるうちに、

労働者や利用者に主権のある事業体がだんだんメジャーになっていけばよいと思っています。

13 政治に何ができるのか

なんぱち なんだい！ じゃあ、俺は革命を目指しちゃいかんって言うのか。政権とって世界に号令かけたいぞ。

ちえ やっぱり世界征服を企む悪役みたいじゃないですか。

なんぱち 「長い時間がたって世代を重ねるうちに」って、そんな悠長なこと言ってられるか。貧困問題にしても今日食うに困った者があふれてるんだぞ。

ちえ だからすぐにNPOなり協同組合なり作って、問題解決の事業に取り組めばいいじゃないですか。……南天同志が革命で権力握るまでにかかる時間よりは、かなり早く対処できますよ。

なんぱち でも資本の横暴が放置されて、世界中で激しい競争にさらされたままだったら、無力な庶民がいくら自主事業しても無駄だ。しょせん大資本にはかなわんだろ。やっぱり、労働者権力を樹立して……。

ちえ 樹立して何するんですか。

なんぱち だからそのー、さっき言った通り、福祉政策とか労働保護政策とか……。ううう、我ながらショボい。

ちえ 革命でも選挙でもいいけど、労働者政権を樹立して、福祉国家なりベーシックインカムなり高い労働基準なり完全雇用なり作ってくださるのはとってもいいことだと思いますよ。頑張って下さい。

　特に大事なのは不況なんとかすることですよ。だって不況は、事業

リスクが高くなることの最大の原因ですから。さっき言ったとおり、事業リスクが高いと労働者管理企業よりも資本主義企業の方が合理的になってしまいます。そもそもこんな不況の真ん中にみんなで労働者管理企業を設立しようなんて言っても、恐ろしくて賛同者がでませんよ。いざ設立しても、生き残り競争が激しくて、結局低所得長時間労働で資本主義企業と変わらなくなっちゃう。

　景気がよくなってこそ、労働者が安心して自分たちで事業に乗り出せるってものです。しかも完全雇用になったら、事業リスクが少なくなるだけでなくて、資本主義企業は労働者に言うことを聞かせる武器がなくなっちゃう。クビにするぞって脅しが利かなくなってね。だから、ただのやらされ仕事じゃ、労働規律が崩れるのを止められません。労働者管理企業ではやらされ仕事じゃなくて、自分たちで決めたことを仕事にしてますから、完全雇用になってこそ、資本主義企業に対する優位性が生まれるんです。

なんぱち　でも今は国の借金がひどくなりすぎて、景気対策なんか採れっこないだろう。

ちえ　今はデフレで物価が下がってみんな大弱りしてて、ひどいインフレの心配しなくていいときですから、日銀がおカネをたーくさん作って震災復興とか福祉とか医療とかに突っ込めば、総需要が拡大して景気がよくなります。円も安くなって輸出コストが下がりますので、「国際競争が」とか言って賃上げも労働基準も環境基準も押さえ込んでた口実がなくなります。増税も民間からの借金も必要ありません。

なんぱち　そうは言っても、企業もうけさせる政策なんてねえ。結局目的は資本主義経済をうまくいかせるだけだろ。

ちえ　資本主義経済の「土台」の上にできるのは、あくまで資本主義的な「上部構造」ですよ。景気安定策だけでなくて、福祉もベーシッ

クインカムも労働基準も、みんな資本主義経済がスムーズに続くようにするための政策にすぎません。だとしても、現実のブルジョワ政治家が、特定業者の利害とか特定民族の利害とか古い思い込みとかに縛られて、資本主義経済全体をスムーズに持続させるための政策自体を採れないことはいくらでもあることです。そのときは、労働者政権こそがその役目を担うんです。

なんぱち 労働者政権なのに、資本主義経済が持続するための政策を担うべきだと言うのか。挫折や裏切りでそうなるのはわかるが、最初からそれを目指すべきだと？

ちえ 明治維新もロシア革命もブルジョワ的課題を担うための革命でしたけど、ブルジョワジーがやったわけじゃなかったですよね。下級武士だったり共産主義知識人だったりします。戦後改革もそうですよね。外国軍ですよ。現実のブルジョワにその力量がなかったら、ほかの誰かがやるんです。だから労働者階級に支持された政権がそれを担うこともアリなんです。そのときには、労働者の利害を反映して、福祉も労働基準も高くできるし、なるべく低い失業率で景気を安定化させることもできるんです。

なんぱち でも資本主義経済をスムーズに持続させる政策のかぎり、福祉も労働基準も限度があるだろ。搾取も抑圧も過労もなくすことはできない。

ちえ もちろんそうです。資本が支配する階級関係なんか、なくなっちゃった世の中をめざすことをやめてはいけないと思います。でもそれは政治権力ではできない。党だの政府だのに指導されて与えられるものではないのです。「土台」の中の、現実の生活点で、事業としてうまくまわって周りに自発的に受け入れられる範囲でやることです。一人一人が自分の創意工夫でちょっとずつ試みていくほかないんです。

政治権力は、たとえベストでも、そんな各人の取組みが安心してできるようにお膳立てすることしかできません。

なんぱち　それで、階級のない生産関係が世の中でメジャーになる時なんて来るんだろうか。百年後か？

ちえ　それか二百年後か。

なんぱち　そんな遠い未来のことのために今なんかする意味なんてあるのか。

ちえ　でも、今の自分のささやかな取組みが、そんな未来に必ずつながると思えば誠実にがんばれるでしょ。企業の執行部についたら、反対派めんどくさいからゴリ押ししようとか、ちょっとは予算私用してもいいだろうとか、いっぱい誘惑がありますけど、こんなことしたら新しい階級につながる、未来から遠ざかってしまう、「いかんいかん」と自戒できるじゃないですか。

なんぱち　「党」なんてものから言われなくても、「ああ俺何やってんだ」って反省できるわけか。「未来にススメ」ってことだな。

ちえ　そうです。♪歩むべきみちしるべならこの胸に光ってる。振り向かないで突き進むんだ！

二人で　♪どんなどんな困難でもきっときっと立ち向かえる。一人じゃ挫けそうでも助け合えば大丈夫！　いつかいつか辿り着ける。夢に夢に描く場所へ……

文献紹介
2節・3節について
　この議論は、ハンガリーの経済学者、コルナイ・ヤーノシュが、有名な『不足の経済学』や『社会主義システム』で論じ、広く経済学界で共有されるようになったものです。その内容は、『コルナイ・ヤーノシュ自伝——思索する力を得て』

第3部　社会主義の新たな可能性

（盛田常男訳、日本評論社、2006年、本体4700円）でわかりやすくコンパクトにまとめられています。

4節について

　ソ連型体制が国家資本主義体制であったという議論については、大谷禎之介、大西広、山口正之編著『ソ連の「社会主義」とは何だったのか』（大月書店、1996年、本体2816円）をご覧下さい。

　コルホーズ方式を天候リスクにからめて説明したのは、目下の筆者の見解です。モデル化の共同研究を歓迎します。先行研究をご存知でしたらご教示下さい。アレック・ノーヴは『ソ連の経済システム』（晃洋書房、1986年）で、コルホーズ農民を「残余財産受贈者」と表現しています。

　なお、穀物調達価格と販売価格は、トニー・クリフ『ソ連官僚制国家資本主義批判』（風媒社、1980）に掲載されたものです。英語版ウィキペディアのコルホーズ（Kolkhoz）の項目では、1948年にライ麦100kgあたり、約8ルーブルで調達し、335ルーブルで売っていたとされています（2011年8月28日閲覧）。

5節について

　労働者管理企業のミクロ経済学的分析については、春名章二『市場経済と労働者管理企業』（多賀出版、2001年）でまとめられています。

6節について

　労働者管理企業では世代間の利害対立から無蓄積になり、それを防ぐために年功序列格差があり得る解となることについては、以前筆者がモデルにしました（「労働者自主管理企業における所得格差の発生——世代交代モデルへのゲーム理論の応用」『産業経済研究』第37巻第2号、1996年）。しかしこれは、リスクの問題を取入れておらず、不十分に思っています。「会員権」方式の解とも合わせ、共同研究を歓迎します。先行研究をご存知でしたらご教示下さい。

　これとは別のロジックで、労働者管理企業は通常成長志向にならないのに、年功序列制にすれば成長志向になるということを示した研究に、神戸大学の中村保さんの論文（T. Nakamura, "Seniority-Wage System and the Growth of a

219

Labor-Managed Firm," *Journal of Comparative Economics,* vol. 28-3, 2000) があります。また、一人当たり所得最大化基準の労働者管理企業の経済均衡は効率的にならないけど、「会員権」が売買できる市場があれば効率的になることを示した研究に、G. K. Dow, "Replicating Walrasian equilibria using markets for membership in labor-managed firms," *Review of Economic Design,* vol. 2-1, 1996. があります。

7節について

末期旧ユーゴの状況および経済破綻の原因については、暉峻衆三、小山洋司、竹森正孝、山中武士『ユーゴ社会主義の実像』(リベルタ出版、1990年) をご参照下さい。

9節・10節について

企業の主権はリスクを一番かぶるグループに配分するのが効率的であるとする命題は、兵庫県立大学の三上和彦さんが言ってきたものです。詳しくは、K. Mikami, *Enterprise Forms and Economic Efficiency: Capitalist, cooperative and government firms,* Routledge, 2011. をご覧下さい。第2章では情報の非対称性から、第4章ではサンクコストの問題から、リスクを被る側が主権を持つことが導かれています。その他、同書では一般に、市場が不完全な場合、その不完全な市場に直面する者が主権を持つことが効率的になることが示されています。

その他、交渉費用とオーナーシップの費用のバランスから、様々な形態の企業が発生する条件を説明した本に、H. Hansmann, *The Ownership of Enterprise,* Belknap Press of Harvard University Press, 2000 があります。本文中の賃金制度のように、企業主権を握るグループ以外の関係者には、事前に契約した一定の支払いをすることになることについてもここで説明されています。

沿岸漁業の漁協制度についての議論は筆者の見解です。モデル化の共同研究を歓迎します。先行研究をご存知でしたらご教示下さい。

11節について

リスクと決定責任の問題から、労働者間の異質性によって資本主義企業になる

必然性を解く議論は筆者の見解です。モデル化の共同研究を歓迎します。先行研究をご存知でしたらご教示下さい。

　筆者のつもりでは、この見方は、マルクス、エンゲルスが階級支配の根拠を「分業」に見ていたことをひきついだものです。詳しくは拙著『近代の復権』(晃洋書房、2001年)や、基礎経済科学研究所編『未来社会を展望する——甦るマルクス』(大月書店、2010年、本体2800円)の筆者の担当章をご覧下さい。マルクス、エンゲルスのこの論点を重視した議論は、愚見の及ぶかぎりあまりなく、中野雄策『経済学と社会主義』(新評論、1987年)とか、田上孝一さんの「マルクスの人間観——「全体的存在」としての人間」(田上孝一、黒木朋興、助川幸逸郎編著『〈人間〉の系譜学——近代的人間像の現在と未来——』東海大学出版会、2008年、第5章)、最近では新社会党理論委員会の原野人さんが強調しているぐらいだと思います。

12節について

　事業の成熟による主導タイプの切り替えの問題については、松尾匡、西川芳昭、伊佐淳編著『市民参加のまちづくり【戦略編】——参加とリーダーシップ・自立とパートナーシップ』(創成社、2005年、本体2100円)の、筆者の担当章をご覧下さい。

13節について

　景気問題については、拙著『不況は人災です——みんなで元気になる経済学・入門』(筑摩書房、2010年、本体1600円)を、是非お読み下さい。

おわりに

　社会主義理論学会は、年一回の研究集会の他に定例研究会を年二回から三回開き、社会主義の理論と社会主義運動の現状に関心を持つ大学内外の研究者間で、活発な意見交換の場となることを目標に活動を続けている。また、社会主義に関係する様々なシンポジウムを主催若しくは協賛団体として協力することも視野に入れている。最近では2011年11月6日に「ソ連崩壊20年」と題して、シンポジウムを主催した。これ以外にも、日中両国で「社会主義フォーラム」を開催し、国際的な学術交流にも努めている。

　およそ学会や研究会ならば、本来年一回以上定期的に刊行される機関誌を持つべきだが、残念ながら小規模で予算の限られた本会では、社会主義理論学会「会報」という、不定期に発行する会員向けニュースがあるのみである。そこで本会では機関誌の代わりに、論文集を数年に一度出版することを目指している。本書はその第四弾である。

　本書は社会主義理論学会の委員会にて「資本主義の行き詰まりと社会主義の可能性」との統一テーマを設定し、社会主義理論学会の会員を中心に原稿を募り、一書と成したものである。そのため執筆者は一人を除いて皆会員であり、その一人も定例研究会で発表している。編集に際しては、会員の研究発表の場という論集の主旨を尊重して、事前に各執筆者に細かな指示は行わずに、統一テーマに沿って自由に書いて貰った。集まった原稿の内容に即して、「資本主義の行き詰まり」・「中国の経験を振り返る」・「社会主義の新たな可能性」の三部構成とし、各章を配置した。また、「資本主義の行き詰まりと社会主義の可能性」のままではタイトルとして些か長過ぎるので、『資本主義

の限界と社会主義』に変更した。

　社会主義理論学会は、会員資格を大学関係者に限定することはなく、社会主義に理論的な関心のある全ての人々に門戸を開いている。

　本書を読んで関心を持った読者が、会のホームページhttp://sost.que.jp/等を参考にして各種催しに参加し、更には入会されんことを期待する。

　末筆ではあるが、出版を快諾していただいた時潮社の相良景行・智毅両氏に感謝申し上げる。

2012年5月

田上孝一

入会の呼びかけ

　社会主義理論学会への入会を呼びかけます。

　近年における世界および日本内外の状況は、社会関係と思想における民主主義的発展を、切実に要請していると言えます。

　国際関係・政治・経済・文化・教育・スポーツ・家族・地域・健康、そして地球環境と自然にかかわる諸問題は、私たちに従来の枠組みを越えた、新しい方向提示を求めています。社会主義の理論と思想は、これらの課題に応えなければなりません。

　1980年代末に起きたソ連・東欧圏の崩壊は、社会主義の理念と運動に深刻な影響をもたらしました。世界的に資本主義市場経済永続論が風靡し、また一部には社会主義の理念そのものへの自信喪失と放棄が生じました。しかし世界資本主義はその後ただちに深刻な危機に陥り、今再びそのオルタナティブとして社会主義理念が見直されつつあります。

　本学会は1988年に創設され、すでに10年を越える研究活動を積み上げてきました。私たちはその実績の上に立ち、さらに活動を発展させる決意を新たにしております。

　私たちの目標は、自由で民主主義的な社会主義を共に志向する人々が、それぞれの立場の違いを認めあいながらも、たがいに学び、交流し、協同して新たな創造的研究に取り組むことです。

　民主主義と社会主義の実現を願い、その思想と理論・政策の研究に関心を持つ学者・研究者・活動家・学生・市民のみなさんが、本学会に参加されることを呼びかけます。

　1999年4月（社会主義理論学会第10回総会決定、会報第37号［1999.7.2］掲載）

社会主義理論学会会則

(名称および目的)

第1条 この会は社会主義理論学会と称する。

第2条 この会の所在地は事務局長の自宅とする。

第3条 この会は、日本および世界の自由で民主主義的な社会主義の創出に資するため、社会主義に関する思想・理論・政策・運動を自由に研究することを目的とする。

第5条 この会は上記の目的のために下記の研究活動と事業を行う。

（1） 以下の分野の研究活動1　社会主義の原理（社会、国家、民族、生産と消費、企業、地域社会、家族と性、文化・思想、自然と環境など）　2　社会主義の歴史（思想、理論政策、運動）　3　現代における、社会、政治、経済、教育・文化、理論・思想・意識、諸々の社会運動、についての分析と積極的見地の提示。

（2） 以下の事業1　年1回の研究集会をはじめ、各種の研究会の開催。2　研究機関誌・紙の発行。3　研究成果の出版・普及。4　海外との研究交流。5　その他必要な事業。

第5条 この会は、自立した研究能力をもつ市民で、目的に賛同し、会則を認め、会費を納める者をもって会員とする。

第6条 入会にあたっては希望者について委員会の審議と承認を必要とする。

（総会および役員）

第7条 総会は年1回定期に開催する。ただし委員会が必要と認めたとき、あるいは会員の6分の1以上の要求があるときは、臨時総会を開く。

第8条 定期総会は会の活動および会計について審議し、その報告を承認し方針を決定する。

第9条 この会は、次の役員をおく。委員、会計監査。

第10条　委員および会計監査の選出方法は別に定める。委員および会計監査の任期は1年とする。ただし再選を妨げない。

第11条　委員は委員会を構成し、総会の決定に従って会の運営にあたる。委員会の召集は代表委員がおこなう。

第12条　委員会は代表委員若干名、事務局長1名を互選する。

（会費その他）

第13条　会員は会費として年3,000円を納入する。

第14条　この会の会計は、会費、事業収入、寄付金でまかなう。

第15条　この会則は総会において出席者の3分の2の賛成をもって改正することができる。会則に明記されていない事柄について細則を設けることができる。

（1988年10月29日　採択・施行）

（1991年4月29日　一部改正）

（2007年4月29日　一部改正）

社会主義理論学会論文集既刊

社会主義理論学会編『二〇世紀社会主義の意味を問う』御茶の水書房、1998年

第一部　シンポジウム
司会者あいさつ　西川伸一
加藤哲郎「二〇世紀社会主義とは何であったか」
大藪龍介「二〇世紀社会主義研究の基礎視座」
伊藤誠「ソ連経済の経験とこれからの社会主義」
司会者まとめ　石井伸男
第二部　論文
上島武「ソ連とは何だったのか」
村岡到「社会主義＝計画経済は誤り――ソ連邦の経済建設の教訓――」
木村英亮「中央アジア社会主義の二〇世紀」
山口勇「変貌した中国とその行方――中華人民共和国存続の可能性――」
渡辺一衛「富田事件とＡＢ団――中国革命運動初期の粛正問題の教訓――」
竹森正孝「社会主義と自主管理――改めてユーゴ自主管理社会主義の意味を問う――」
松田博「イタリアにおける「自治体社会主義」とグラムシの社会主義像」
柴山健太郎「二〇世紀の欧州社会民主主義の検証――ドイツ社民党（SPD）の党史の幾つかの問題に寄せて――」
社会主義理論学会　研究会、研究集会の歩み
あとがき　大藪龍介

社会主義理論学会編『21世紀社会主義への挑戦』社会評論社、2001年
序文　上島武
第Ⅰ部　理論的反省と新構想
田畑稔「アソシエイショナルな革命と新しい世界観」

大嶋茂男「これからの社会主義とアソシエーション・協同組合——利潤追求の市場競争原理主義でなく，生命地域の共同創造を基本原理に」
国分幸「一国一工場体制から利潤分配制の連合社会へ」
竹内みちお「『労働証券制社会主義』論」
村岡到「〈連帯社会主義〉をめざす〈則法革命〉」
石堂清倫「20世紀の意味——「永続革命」から「市民的ヘゲモニー」へ」
第Ⅱ部　21世紀の課題と社会主義
斎藤日出治「ポストモダニズム時代の社会主義戦略」
田上孝一「マルクス哲学の可能性——環境問題に寄せて」
小杉修二「地球温暖化問題と平等主義——有限な地球と持続可能な社会」
論争：中国式の資本主義・社会主義観と21世紀社会主義
Ⅰ山口勇「凌星光氏の現代資本主義論・社会主義観批判」
Ⅱ凌星光「疑問・批判への回答と中国の行方,世界社会主義」
社会主義理論学会：研究集会・研究会の歩み
あとがき　石井伸男

社会主義理論学会編『グローバリゼーション時代と社会主義』ロゴス社、2007年

はしがき　上島武
Ⅰ　グローバリゼーションの新しい展開と社会主義
斉藤日出治「グローバル時代の社会主義像——社会的個人の再発見」
瀬戸岡紘「世界の支配者としてのアメリカ中産市民」
岡本磐男「日本経済の停滞と社会主義の新しい展望」
田上孝一「マルクスの社会主義と現実の社会主義」
村岡到「階級論の検討——〈近代民主政〉理解の一前提」
Ⅱ　社会主義の歴史的総括のために
上島武「渾身の五〇年——E・H・カーのソ連研究」
石河康国「福本イズムと『労農』派の形成」

渡辺一衛「二重の三権分立構造をめざして」
あとがき　田上孝一
社会主義理論学会会則　研究の歩み（二〇〇一年四月～二〇〇七年四月）
執筆者の紹介

研究の歩み（2007年7月～2012年4月）

＊第47回研究会（2007年7月29日）
　碓井敏正「グローバリゼーションの権利論」
＊第48回研究会　（2007年12月22日）
　鄭治文「中国自動車産業の生産ネットワーク」
　王京濱「毛沢東時代の地方重工業の２１世紀的意義について─鉄鋼業と化学肥料産業を中心に──」
＊第49回研究会（2008年2月2日）
　瀬戸宏「日本型社会民主主義について」
☆日中学術交流会（2008年3月4日）
　統一テーマ：中国の研究者はソ連の崩壊をどう見るか
　中国側問題提起：呉恩遠「ソ連崩壊研究」
　日本側リプライ：上島武
＊第19回研究集会（2008年4月29日）
　テーマ：社会主義像の探求
　小松善雄「協議社会主義の原像」
　粕谷信次「連帯経済の可能性」
＊第50回研究会（2008年7月21日）
　河合恒生「21世紀の社会主義とベネズエラ」
☆日中社会主義フォーラム（2008年9月27日、協賛）
　主催：日中社会主義フォーラム実行委員会
　テーマ：マルクスと東方社会
　報告者：兪良早（南京師範大学教授）他
＊第51回研究会（2009年2月8日）
　瀬戸岡紘「金融危機の実態と意味」
☆第20回研究集会（2009年4月29日）
　テーマ：マルクスをどうする？

メイン報告：千石好郎「マルクス主義の解縛」
　　コメンテーター：岡本磐男・上島武・村瀬大観
＊第52回研究会（2009年7月26日）
　　大西広「アメリカ資本主義の批判から資本主義の批判へ――資本主義の批判から近代経済学の批判へ」
　　瀬戸宏「『国家と革命』と中国・日本」
＊第53回研究会（2009年10月4日）
　　中村宗之「ホモ・サピエンスの交換性向――類人猿の比較研究」
　　山崎耕一郎「労農派社会主義の原点と現在――山川均論を中心に」
＊第54回研究会（2010年2月21日）
　　瀬戸宏「兪良早『マルクス主義東方社会理論研究』を読む」
　　上島武「レーニン晩年の民族理論」
☆中日社会主義フォーラム（2010年3月29日～30日、於南京師範大学：参加協力）
☆第21回研究集会（2010年4月29日）
　　テーマ：現代資本主義をどう超えるか
　　鶴田満彦「グローバル資本主義と現代国家」
　　西川伸一「ユートピアの落とし穴を超えて」
＊第55回研究会（中日社会主義フォーラム総括討論会、2010年7月4日）
　　特別報告：瀬戸宏「中日社会主義フォーラムの成果」
　　松井暁「史的唯物論と東方社会理論」
　　小宮昌平「『段階飛び越し論』と20世紀社会主義」
＊第56回研究会（2010年10月3日）
　　鎌倉孝夫「現代資本主義の理論的整理」
　　岡本磐男「村岡到氏のソ連型社会主義論を論評する」
＊第57回研究会（2011年2月6日）
　　長島誠一「エコロジカル社会主義の提起するものとは何か」
　　松尾匡「マルクス経済学の人間主義的構造」

☆第22回研究集会（2011年4月29日）
　テーマ：ベーシックインカムと社会主義
　伊藤誠「ベーシックインカム構想と社会主義」
　村岡到「生存権所得の歴史的意義」
＊第58回研究会（2011年6月12日）
　鎌倉孝夫「朝鮮式社会主義の思想と現実」
☆ソ連邦崩壊20年シンポジウム（2011年11月6日）
●自主企画
1　社会主義像の探究報告（責任：NPO法人日本針路研究所）
　森岡真史「社会主義の歴史と残された可能性」
　村岡　到「社会主義の政治体制は清廉な官僚制」
2　20年後のソ連東欧（責任：社会主義理論学会）
　加藤志津子「ロシア企業の体制転換——国家・企業・労働者」
　岩田昌征「自主管理社会主義の教訓」
3　ソ連崩壊後のアメリカとキューバ（責任：独占研究会）
　瀬戸岡紘「アメリカ建国の理念にみる市民の共同体」
　鶴田満彦「キューバのめざす社会主義」
●全体会
　塩川伸明「ソ連はどうして解体／崩壊したか」
　主　催：社会主義理論学会
　協　賛：NPO法人日本針路研究所・独占研究会
＊第59回研究会（2012年2月5日）
　生田頼孝「１９２０年代における中国華南での政治的民主化を中心とした考察」
　境毅「ソ連崩壊の原理的根拠」
☆第23回研究集会（2012年4月29日）
　テーマ：脱原発と社会主義
　斎藤日出治「原子力依存の社会を超えて——歴史認識と社会の創造」

西川伸一「原発推進・規制の制度史」

　2001年4月から2007年4月までは『グローバリゼーション時代と社会主義』、1988年創設時から2001年2月までは『21世紀社会主義への挑戦』に収録。

執筆者略歴

はじめに　**西川伸一（にしかわ・しんいち）** 1961年生まれ。明治大学政治経済学部教授・社会主義理論学会共同代表　博士（政治学）。
主要著書：『最高裁裁判官国民審査の実証的研究』（五月書房、2012年）『裁判官幹部人事の研究』（五月書房、2010年）『オーウェル『動物農場』の政治学』（ロゴス、2010年）。

第1章　**鎌倉孝夫（かまくら・たかお）** 1934年生まれ。埼玉大学・東日本国際大学名誉教授　経済学博士。
主要著書：『資本論体系の方法』（日本評論社、1970年）『資本主義の経済理論』（有斐閣、1996年）『資本論で読む金融・経済危機』（時潮社、2009年）。

第2章　**森本高央（もりもと・たかお）** 1971年生まれ。フリーライター。

第3章　**瀬戸岡紘（せとおか・ひろし）** 1945年生まれ。駒沢大学経済学部教授。
主要著書：『アメリカ　理念と現実』（時潮社、2005年）『グローバル時代の貿易と投資』（編著、桜井書店、2003年）『ファシズムの解剖学』（パクストン著の翻訳、桜井書店、2008年）。

第4章　**大西広（おおにし・ひろし）** 1956年生まれ。慶應義塾大学経済学部教授・京都大学名誉教授　経済学博士。
主要著書：『資本主義以前の「社会主義」と資本主義後の社会主義』（大月書店、1992年）『グローバリゼーションから軍事的帝国主義へ』（大月書店、2003年）『マルクス経済学』（慶應義塾大学出版会、2012年）。

第5章　**瀬戸宏（せと・ひろし）** 1952年生まれ。摂南大学教授　博士（文学）。
主要著書：『中国の同時代演劇』（好文出版、1991年）『中国演劇の20世紀』（東方書店、1999年）『中国話劇成立史研究』（東方書店、2005年）。

第6章　**田上孝一（たがみ・こういち）** 1967年生まれ。社会主義理論学会事務局長　博士（文学）。
主要著書：『フシギなくらい見えてくる！　本当にわかる倫理学』（日本実業出版社、2010年）『グローバリゼーション再審――新しい公共性の獲得に向けて――』（編著、時潮社、2012年）『現代文明の哲学的考察』（編著、社会評論社、2010年）。

第7章　**山﨑一郎（やまざき・こういちろう）** 1940年生まれ。社会主義協会

顧問・NPO労働者運動資料室副理事長。

主要著書：『ソ連的社会主義の総括』（労働大学、1996年）『21世紀の社会主義』（労働大学、2006年）。

第8章　**紅林進（くればやし・すすむ）** 1950年生まれ。フリーライター。

主要著書：「モンドラゴン協同組合の経験」（『もうひとつの世界へ』No.14、ロゴス、2008年4月所収）「社会主義的変革の可能性と困難性」（『プランB』No.23、ロゴス、2009年10月所収）。

第9章　**松尾匡（まつお・ただす）** 1964年生まれ。立命館大学経済学部教授　経済学博士。

主要著書：『近代の復権』（晃洋書房、2001年）『「はだかの王様」の経済学』（東洋経済新報社、2008年）『図解雑学マルクス経済学』（ナツメ社、2010年）。

資本主義の限界と社会主義

2012年7月20日 第1版第1刷 定価＝2,800円＋税
編著者　社会主義理論学会　Ⓒ
発行人　相　良　景　行
発行所　㈲　時　潮　社
　　　　174-0063 東京都板橋区前野町4-62-15
　　　　電話 (03) 5915-9046
　　　　ＦＡＸ (03) 5970-4030
　　　　郵便振替　00190-7-741179　時潮社
　　　　URL http://www.jichosha.jp
　　　　E-mail kikaku@jichosha.jp
　　印刷・相良整版印刷　製本・壷屋製本
　　　乱丁本・落丁本はお取り替えします。
　　　　　ISBN978-4-7888-0675-7
　　　日本音楽著作権協会（出）許諾第1206886-201号

時潮社の本

実践の環境倫理学
肉食・タバコ・クルマ社会へのオルタナティヴ
田上孝一著
Ａ５判・並製・202頁・2800円（税別）

応用倫理学の教科書である本書は、第１部で倫理学の基本的考えを平易に説明し、第２部で環境問題への倫理学への適用を試みた。現在の支配的ライフスタイルを越えるための「ベジタリアンの理論」に基づく本書提言は鮮烈である。『唯物論』(06.12,No.80) 等に書評掲載。

アメリカの貿易政策と合衆国輸出入銀行
山城秀市 著
Ａ５判・上製・312頁・3600円（税別）

1930年代大恐慌を脱出する切り札として設立された合衆国輸出入銀行がいかにその後の大戦をくぐりぬけ、多極化時代を迎えてどのように変貌しつつあるのか。本書は米政府の経済政策と輸出入銀行の歴史を追いながら全体像を明らかにする。

中国のことばと文化・社会
中文礎雄著
Ａ５判・並製・352頁・定価3500円（税別）

5000年にわたって文化を脈々と伝え、かつ全世界の中国人を同じ文化に結んでいるキーワードは「漢字教育」。言葉の変化から社会の激変を探るための「新語分析」。この２つの「ユニークな方法」を駆使して中国文化と社会を考察した。

現代中国の集団所有企業
工業合作社・集体企業・郷鎮企業の発展と改革
樋口兼次・范 力 著
Ａ５判・並製・282頁・3500円（税別）

中国経済の柔構造を解く──国有企業と私有企業の間に存在する「集団所有企業」（合作社・集体企業・郷鎮企業）の発展と実態を描き「人力資本」の可能性を展望する、日中共同研究の精華。研究者、ビジネスマン必読の１冊。新領域開拓の労作。『日本と中国』『中小企業季報』等に書評掲載。

時潮社の本

国際貿易論小史
小林　通著
A5判・上製・218頁・3500円（税別）

本書は、古典派貿易論研究の出発点となる『国際分業論前史の研究』（小社刊）をさらに一歩前進させ、古典派経済学の基本的真髄に接近し、17〜18世紀イギリスにおける国際貿易理論に学説史的にアプローチする。A.スミス、D.リカードウ、J.S.ミルなど本書に登場する理論家は10人を数える。

ユーラシアの大戦略
三つの大陸横断鉄道とユーラシア・ドクトリン
浦野起央著
四六判・上製・248頁・2500円（税別）

いまや世界の激動の中心はユーラシア大陸。アジア〜ヨーロッパを鉄道が結び出現した「統一ユーラシア世界」に、日本のドクトリン「自由と繁栄の弧」はどこまで有効か？　著名な国際政治学者が、ひとつになったアジアの未来を展望する。巨大大陸の昨日・今日・明日。

図説　アジアの地域問題
張　兵著
B5判・並製・116頁・定価2500円（税別）

アジア世界とは？現在どのような拡がりをもち、どんな問題に直面しているのか。外交、地勢、人口、文化など広範で多面的な分野をカバーする、読む「アジア問題事典」が完成！　内容も1項目を見開きで解説し、図表を用いてデータ比較など研究者に留まらず、今後のアジアの変貌に興味のある方にお勧めの一冊。

現代中国の生活変動
飯田哲也、坪井　健　共編著
A5判・並製・236頁・2500円（税別）

多様にして複雑な中国をどう捉えるか。両国の研究者が共同で取り組んだ本書では、階層分化、家族、都市、教育、文化および犯罪の各テーマにおいて、1990年代後半から今日までの中国の生活の変化をリアルに描き出している。日中社会学会会員による共同研究。『日本と中国』等に書評掲載。

時潮社の本

現代中国における教員評価政策に関する研究
―国の教育法制・政策の地方受容要因と問題―
劉 占富著
Ａ５判・上製・箱入り・512頁・7780円（税別）

教育評価および教員評価制度の運用実態について、中央政府と大都市、中・小都市、郷・鎮、農村と都市規模別に分析することで、国と地方、さらに地方間で政策・法制度に大きな格差・乖離があることを明らかにし、教育改革への今日的課題を示している。

マルクスの疎外論
その適切な理解のために
岩淵慶一著
四六判・上製・266頁・2800円（税別）

マルクス哲学のキーワードは「疎外」。この概念を理解しなければ、マルクスを理解したとはいえない。「疎外」の正しい理解を妨げてきた新旧スターリン主義とそれらの諸変種による歪曲を糺し、マルクス疎外論の本来の、適切な理解を明示した。

世界の食に学ぶ
河合利光 編著
Ａ５判・並製・232頁・2300円（税別）

食文化の紹介だけでなく、グローバル化と市場化の進む現代で、外界と相互に交流・混合し、新たな食文化を創造しつつ、いかに生存しているかについて、調査地での知見を踏まえ、世界の食と日本人の関わりについてを解説。「世界のなかの自文化」をテーマに広い視野から平易に解説する。

現代福祉学入門
杉山博昭 編著
Ａ５判・並製・280頁・定価2800円（税別）

社会福祉士の新カリキュラム「現代社会と福祉」に対応し、専門知識の必要な保育士、介護関係者にもおすすめしたい社会福祉学入門書。本書は「資格のための教科書」の限界を越えて、市民から見た社会福祉をトータルに平易に説いている。